Frauen Weiber Karneval

KLEINE GESCHICHTE DER FRAUEN IM FASTELOVEND

marzellen
verlag köln

Für Silke
Für Anja

Frauen Weiber Karneval

KLEINE GESCHICHTE DER FRAUEN IM FASTELOVEND

marzellen
verlag köln

Band 4 der Edition Narrengilde
«Kleine Kulturgeschichte des Kölner Karnevals»
herausgegeben von Wolfgang Oelsner

Anja Katzmarzik & Silke Palm
Frauen, Weiber, Karneval
Kleine Geschichte der Frauen im Fastelovend

Die Deutsche Bibliothek – CIP-Einheitsaufnahme
Anja Katzmarzik & Silke Palm
Frauen Weiber Karneval
Kleine Geschichte der Frauen im Fastelovend
Köln: Marzellen Verlag 2001

© 2001 Marzellen Verlag GmbH, Köln am Rhein
Umschlaggestaltung & Layout
Malcolm Powell, Köln
Druck: Flock Druck, Köln
Printed in Germany
ISBN 3-9806384-3-X

Vorwort

Liebe Narren und Närrinnen,
leev Fastelovendsfründe us Fern und Noh,

Frauen im Kölner Karneval - das ist kein Novum, eher aber schon die Tatsache, dass Frauen über das *vater*städtische Fest schreiben.
So liegt es nahe, dass die einleitenden Worte zum vorliegenden vierten Band der „Edition Narrengilde" von einer Frau geschrieben werden.
Auf den nächsten Seiten werden Sie lesen, dass die Wiever im Lauf der Fastelovendsgeschichte nicht nur dafür gesorgt haben, dass die Frackhemden ihrer *Herren* gestärkt und gebügelt im Schrank parat hängen, dass Uniformen und Smokings frisch gereinigt sind, weiße Fliegen in genügender Anzahl in der Schublade liegen, sondern dass sie auch in der Lage waren und sind, mit Esprit und Charme das närrische Volk mitzureißen oder auf den Arm zu nehmen.

Die Herren der Schöpfung sollten auch hier, wie überall im Fasteleer, keine Angst um ihr Image und ihre Pöstchen haben. Niemand macht ihnen den Rang streitig. Jede will nur ihre Fähigkeiten einsetzen, um sich und anderen Menschen Freude zu bereiten.

Allen Lesern und Leserinnen wünsche ich viel Spaß. Betrachten Sie den Kölner Karneval einmal von seiner weiblichen Seite und lassen Sie sich überraschen, wieviel närrisches Potenzial hier schlummert oder längst aufgewacht ist.

Herzlich grüßt Sie aus „zweiter Reihe"

Ihre Birgitt Kösterman

(Präsidentengattin oder wie mer dat süns nenne soll)

INHALT

Die Jeckin, das unbekannte Wesen

Schon wieder ein Buch über den Kölner Karneval? Als ob es daran mangeln würde. In der Tat gibt es eine kaum zu überblickende Anzahl - vielleicht auch Unzahl - an Literatur zum heiligsten aller kölschen Feste. Und jetzt schreiben ausgerechnet zwei Frauen über den Fastelovend? Das ist ja ein Widerspruch in sich, könnte jetzt ein Großteil der Traditionellen im Kölner Karneval meinen. Sind sie doch der Meinung von Jupp Söller, einst Präsident der „Großen Karnevalsgesellschaft von 1823", der meinte: „Frauen werden bei uns keine Mitglieder. Mitfeiern und Freizeitspaß, ja. Mehr nicht." Ende der Diskussion. Frauenfeindlich sei er aber nicht, fügte Herr Söller noch geschwind hinzu. Aber Tradition sei eben Tradition. Das haben die Frauen dann auch eingesehen. (Es ist allerdings nur ein böses Gerücht, dass FKK die Abkürzung für „Festkomitee Kölner Kerle" sein soll.) Warum also ein Buch, wenn doch klar ist, dass der Karneval von Anfang an eine reine „Mannssaach" war? Fragt sich nur, von welchem Anfang die Herren da sprechen...

Dass der Karneval traditionell Männersache sein soll, ist ein Märchen. Frauen im Karneval hat es schon immer gegeben. Erst mit der Gründung des Festkomitees gerieten die jecken Wiever ins närrische Abseits. Bis 1979 waren Frauen sogar offiziell im Rosenmontagszug verboten. Frauen, die Spaß haben? Das war wie eine Kriegserklärung an die männliche Herrschaft. Fastelovend hin, Frohsinn her – da hört für viele Männer der Spaß auf.

Aber was soll's: Den Jeckinnen bleibt schließlich immer noch das Kartoffel-Schnibbeln für den „Äädäppelschlot" für die Herrensitzung. Und auf der Bühne dürfen sie singen und tanzen - vorausgesetzt sie benehmen sich. Grete Fluss ebnete den Weg für Frauen ins närrische Rampenlicht in den 20er Jahren und Kläre Weiglein schlüpfte als erstes weibliches Tanzmariechen ins Kostüm. Wo sind die ganzen Bärbelchens, Trudes und Gretes dieser Welt geblieben? Gab es Griet wirklich? Und wer waren Schnüsse Tring und Emma Born? In Liedtexten sind Frauen doch höchstens noch eine Beilage zu Blootwosch, und auf den Sitzungen treten sie als Herrenwitz, Mettbrötchen-Lieferanten oder dekoratives Mitbringsel in Erscheinung. Frauen kommen in der Karnevalsgeschichte einfach nicht vor - und wenn, dann nur als Quell der Versuchung, des Lasters und der Unmoral. Damit ist jetzt Schluß! Bildung tut Not. Aber eins nach dem anderen.

Am Anfang war die Frau...

Der früheste Beleg einer Brauchform der Fastnacht überhaupt bezieht sich auf Frauen. So berichtet im 13. Jahrhundert Wolfram von Eschenbach im achten Buch seines „Parzivals" von einer Art „Fasnacht-Kampfspiel" von Frauen aus der Kaufmannschaft. Zimperlich scheinen die Frauen damals nicht gewesen zu sein: In einem spielerischen Kampf balgten und mühten sie sich freiwillig nach Kräften ab.

Doch abgesehen von diesem frühen „Frauen-Catchen" zu Karneval häufen sich die Quellen über das Fastnachtstreiben in Köln erst im 14. und 15. Jahrhundert. In den Chroniken und Ratsprotokollen werden aber eher selten ausdrücklich teilnehmende Frauen erwähnt, meist ist vom „Volk" die Rede. Da aber die rechtliche und wirtschaftliche Stellung der Kölnerinnen im hohen und späten Mittelalter günstiger war als in den meisten anderen deutschen Handelsstädten, kann angenommen werden, dass auch Frauen damit gemeint waren. In der Reichsstadt Colonia gab es sogar Frauenzünfte, wie z.B. die der Seidmacherinnen: Berufstätigkeit und Selbständigkeit von Frauen waren selbstverständlich. Durch Zahlung eines Aufnahmegeldes und Arbeitsleistung konnten Frauen sogar das Bürgerrecht erwerben, Ehefrauen und Witwen erhielten es automatisch. Teilweise übernahmen Kölner Frauen auch juristische Aufgaben, wie Eidleistungen, machten Testamente, erschienen als Pächterinnen und Mieterinnen. Doch den Männern gegenüber gleichberechtigt waren sie dennoch nicht: Weder verfügten sie über aktives noch passives Wahlrecht für den Rat und besaßen daher keine Möglichkeit politischer Einflussnahme.

Fastnachtsszenen auf dem Kaminfries des Gürzenichs (um 1440)

Nur im Feiern standen die Kölnerinnen den kölschen Jungen in nichts nach. Auf Holzschnitten aus dem Mittelalter werden sie bei Wein und Würfelspiel, bei ausgelassenen Tänzen dargestellt. Frauen waren damals weit entfernt von jener strengen Abgeschlossenheit des „Heimchens am Herd". Sie beteiligten sich in gleicher Weise an den Vergnügungen wie die Männer - nicht als Wächterinnen des guten Tons und der strengen Sitte, sondern als Ausgelassene unter den Ausgelassenen, oft als Anführerinnen der Fröhlichen (Bücher, 1910).

Berühmt war die Trinkfestigkeit der Kölner Frauenwelt: Es sei allgemeiner Brauch gewesen, „ein abgeschlossenes Geschäft mit einem Trunk zu besiegeln", schreibt der Volkstumpfleger Joseph Klersch. So lernte die Geschäftsfrau, „auf diesem Gebiet ihren Mann zu stehen". Kein Wunder, denn in der frühen Neuzeit war ja auch das Bierbrauen in der Rheinprovinz Frauensache! Frauen waren sowohl in der Brauerzunft als Vollmitglied als auch als Ausbilderinnen zugelassen. Und ein Kölner Besucher, Johann Haselberg, schreibt 1531: „Zu Coelln trinkt man bier und guten wein, da willent die weiber meister seyn über alle doctoren und mannen: wems niet geliefft, der bleibt von dannen."

Und genauso feucht-fröhlich feierten Frauen dann auch Karneval. Das gab bald Probleme. Immer wieder wird die fehlende Moral und der Angriff auf die Sittlichkeit, der vom Karneval ausgeht, angeprangert; es werde Ehebruch getrieben, Mordtaten und unzählige Laster begangen. Im 16. Jahrhundert wird die Untreue zu Karneval sogar per Gesetz verboten: Ein verheirateter Mann dürfe nicht mit einem Mädchen zusammen „mummen" gehen, heißt es. Ein verheirateter Nadelmacher und seine Dienstmagd, die zur Nacht ihre Kleider getauscht hatten und zusammen in eine Badestube auf dem Berlich gegangen waren, wurden im Jahr 1567 deshalb gar festgenommen. Warum sich der Rat so aufregte? Nun, zu jener Zeit befanden sich auf dem Berlich die Dirnenhäuser und weniger angesehene Wirtshäuser, und die Badestuben galten zudem als sexuelle Vergnügungsstätten! Die Magd beteuerte, sie sei nicht wegen des Nadelmachers sondern wegen eines Knechtes in die Badestube mitgegangen und habe nichts Schlimmes getan. So kamen beide ohne Strafe davon.

Und die Moral von der Geschichte...

So tauchen in den meisten Quellen Frauen nur in Verbindung mit sittlichen Verstößen oder Warnungen, dass das Mummen der Tugend und

Sittlichkeit der Frauen schaden könnte, auf. Ein gewisser Graf von Zimmern, der mehrmals zur Fastnachtszeit in Köln zu Gast war, gibt um 1538 in seiner Chronik sogar den Ratschlag, Frauen nicht am gemeinen Karneval teilnehmen zu lassen:

> *„Es ist noch ain gemain ding an vil orten mit den momereien, [...]*
> *Was wunderbarlicher exempel weren desshalber zu vermelden, da einer*
> *ain fromen frawen oder dochter hat mit sich in die momerei genom-*
> *men und hat wider ain huren haim gebracht."*

Mit Martin Luther und seiner Auffassung von der natürlichen Bestimmung der Frau als Hausfrau und Mutter veränderte sich das Frauenbild drastisch: Frömmigkeit, Gehorsam, Treue, Demut, Fleiß, Sparsamkeit, Ordnungsliebe und Pünktlichkeit werden als die erstrebenswerten weiblichen Tugenden definiert - von Männern wohlgemerkt.

Auch am Fastnachtsspiel sollten die Frauen nicht mehr teilnehmen. Karneval mit seiner „Zotenhaftigkeit" und „Obszönität" wurde als eine rein männliche Angelegenheit angesehen. Was für die Männer ein Spaß war, wurde der Frau als Unzucht ausgelegt. Mummen zu gehen und so im Schutze der Maske soziale Zwänge abzulegen und Hierarchien auf den Kopf zu stellen, war nur einem Teil der Bevölkerung erlaubt. Was bei Männern als eine Art Protest gegen die Herrschaft der Obrigkeit angesehen wurde, galt bei den Frauen als „weibliche Aufsässigkeit" (Ulbricht, 1990). Und die war unerwünscht. Frauen, die sich dem Gesellschaftsbild nicht anpassen wollten, galten als widerspenstige Weiber. Bezeichnend - der Eintrag in Wredes „Neuem Kölnischen Sprachschatz" zum Stichwort „Frau": „Fraulück müsse Widderwoot jevve, söns sin se krank."

Gemeinsam jeck

Im 16. Jahrhundert war es vollkommen selbstverständlich, dass Männer und Frauen gemeinsam Karneval feierten - und zwar in gleichen Maßen. Ein anschauliches Bild des damaligen Fastnachtstreibens der Bürgerschicht vermitteln die Tagebuchaufzeichnungen des Kölners Hermann Weinsberg, der von 1518 bis 1598 lebte. Er zog zusammen mit seiner Mutter, Frau, Tochter und seinen Schwestern zur Karnevalszeit durch die Kölner Kneipen oder feierte ausgelassene Feste bei Freunden zu Hause. Hier ein Einblick:

„A. 1565 den 18. febr. im fastabent hab ich ein gasterei under dem raithus gehalten, daruff war min moder, broder, sustern, ir gemalen, min neif Christgin Korth und sin frau, mein eidomen und dochter, dantzten folgens und waren frohlich [...]"

Im Verlaufe des 17. und 18. Jahrhunderts kam es immer wieder zu Verboten. Dennoch feierten Männer und Frauen weiterhin Karneval. So lesen wir im „Journal von und für Deutschland" aus dem Jahr 1785:

„Die Bürgerschaft belustigt sich auf die ihr ganz eigene Weise; [...] Junge Leute, und alte Gecken mit unter, verkleiden sich [...] Das andere Geschlecht spielt dieses Possenspiel auch mit [...]. So vermummt durchstreifen sie dann einzeln oder in ganzen Banden mit Trommeln und Musik die Straßen [...]"

Inzwischen werden unter „Bürgerschaft" nur noch Männer erfasst. Frauen werden als „anderes Geschlecht" gesondert erwähnt.

„Jederein sök singesjliche, bei de Ärme und de Riche"

Unterschieden wurde aber auch zwischen Adel und Bürgerschaft. So war der Straßenkarneval mehr eine Angelegenheit der bürgerlichen Schicht. Der Adel vergnügte sich mit Partien, Soupers, Redouten und Bällen. Nicht selten wandelte aber auch einige Damen aus einer höheren Klasse die Lust an, an diesen „Herrlichkeiten" auf den Straßen teilzunehmen, heißt es im Journal von 1785.

Im Straßen- und Kneipenkarneval kam es zu „sexuellen Kontakten und Ausschweifungen". Standesunterschiede spielten eine entscheidende Rolle. Auf den Bällen wurden sie sorgsam gewahrt: Dort trennte eine Balustrade bürgerliches und adeliges Publikum. Die Straßen wurden aber nicht abgesperrt. So kam es durchaus vor, dass ein Herr - unverheiratet oder auch verheiratet - eine Liaison mit einer Magd hatte, ohne dass dies öffentlich sanktioniert wurde. Der Kölner Bürger Hermann Weinsberg z.B. schwängerte die Magd seiner Mutter, ohne deshalb seine gesellschaftliche Stellung einbüßen zu müssen. (Naja, sein Vater schalt ihn, und Weinsberg schreibt in sein Tagebuch: „Mein Vater war auch recht unzufrieden mir mir, doch verzieh er mir's diesmal noch, befahl mir aber forthin weislicher zu handeln und daß ich mich um die Magd nicht mehr kümmern solle."). Über Beziehungen höherer Damen mit Knechten lesen wir nichts. Falls es Liebschaften gab, so wurden sie anscheinend eher verheimlicht, da sie entweder trotz Ehe stattfanden oder - wahrscheinlicher - gesellschaftlich nicht gebilligt wurden. Was bei Männern Recht war, galt bei Frauen als Unrecht, Unmoralität und Verbrechen, schreibt die Kölner Historikerin Gabriela Wagner.

Oder wurden Luthers Auffassungen, die „brave" Frau gehöre ins Haus, in den höheren Schichten eher aufgegriffen?

Eine andere Art zu feiern: die Redoute

Aus den Beschreibungen der Bälle und Redouten geht hervor, dass auch die Damen daran teilnahmen. Die Redoute trat als neue Form des Fastnachtsvergnügens seit Ende der dreißiger Jahre des 18. Jahrhunderts auf und orientierte sich am höfischen Leben. Vorbilder waren die Bälle am Bonner kurfürstlichen Hof. Die Redoute stellte eine Mischung aus Ball und Spiel dar. Als zeitweiliger Ausbruch aus den Zwängen der strengen Etikette gab die Redoute die Möglichkeit, „sich von der Phantasie geleitet, durch Kostüm oder Mimik in die Welt der Märchen und Sagen oder auch in ferne Länder zu versetzen, vor allem aber erlaubte sie die Flucht aus dem Stande, in den man hineingeboren war, in einen anderen, von dem man nur die angenehmen Seiten sah", so schreibt Klersch.

In Köln gab es wahrscheinlich im Jahr 1736 die erste Redoute. Doch bereits im Jahr darauf meldete der Rat der Stadt moralische Bedenken bezüglich der bei Herrn Farina - das war der Herr, der das Kölnisch Wasser „erfand" - stattfindenden Redouten: Durch diese Veranstaltung würden die Söhne und Töchter dazu verführt, „ihren eltern das Geld hierzu heimbdlich zu entfremden und bey nachtszeits sich aus ihrer wohnung heimbdlich zu machen". So wurde verboten „nachts ohne Licht" zu gehen, „besonders [für] zweyerley geschlechts personen". Als Strafe drohte der Rat mit Verhaftung.

Jede Bürgerklasse hatte eigene Redouten. Auch Frauen veranstalteten diese Fastnachtsvergnügungen: Für die höhere Gesellschaft ist hier die Witwe Farinas zu nennen, die nach dem Tod ihres Mannes 1783 einen

Ball gab, für die bürgerliche Gesellschaft die Witwe Cremers, die als drittes großes „Unternehmen" (neben den Herren Ehrl und Rodius) 1790 auf der Ehrenstraße Redouten veranstaltete.

Um die Wende zum 19. Jahrhundert bildeten sich so genannte Redoutengesellschaften: die vornehmste bestand aus 139 Mitgliedern, die hauptsächlich Kaufleute, Juristen oder Offiziere waren. In dieser „Société" waren häufig gleich mehrere männliche Familienangehörige Mitglieder, nicht nur Brüder, sondern auch Vater und Sohn. Frauen waren keine offiziellen Mitglieder, sie nahmen aber an den Tanzveranstaltungen und Soupers teil. Das erinnert stark an die späteren Karnevalsgesellschaften.

Das Treiben auf einer dieser vornehmen Redouten schildert 1820 ein kleines Fastnachtsspiel „durch den Mund eines kölschen Fräuleins":

> *„Wenn ich denk an verlidden Jahr*
> *Als ich einmal auf der Redoute war,*
> *Kaum kam ich in den Saal gegangen,*
> *Wurde ich gleich von zwei Offezirer empfangen.*
> *Der eine wollt mich zum Tanz engagiren,*
> *Der andre mit einem Täßchen Thee mich traktiren.*
> *Doch ich ließ die Herren stehn,*
> *Um mich im Saale umzusehn.*
> *Das war ein Leben, das war eine Pracht,*
> *In Sodoma und Gomorrha hat man's nicht schlimmer gemacht.*
> *Die Damen suchten sich alle zu produzieren*
> *Und täten deswegen im Saal herumspazieren.*
> *Sie waren so leicht und so luftig gekleidt,*
> *Als wären sie noch in der Sommerzeit.*
> *Kleider trugen sie besetzt mit Spitzen,*
> *Wofür der Mann die ganze Woche muß schwitzen.*
> *Besonders die Mädchen täten recht lachen,*
> *Sie ließen sich von den Herren die Kur fleißig machen.*
> *Und manche, die hier prassen und saufen,*
> *Mußten den andern Tag ins Lombard laufen."*
>
> **(nach Klersch, 1961)**

Die Damen des Balls werden klischeehaft dargestellt: eitel, verführerisch, nichtstuerisch, ausnutzend und verschwenderisch. Gleichzeitig wird hier die Scheinwelt der Bälle aufgedeckt: So manche(r) täuscht einen nicht vorhandenen Wohlstand vor. Das wahre Geschlecht dieses „Fräuleins" bleibt unerwähnt – wahrscheinlich, weil es zu dieser Zeit absolut „normal" war, dass Frauenfiguren von Männern dargestellt wurden.

Der Karneval wird offiziell

Blieben Patriziat und gehobenes Bürgertum im Laufe der ersten Jahre des 19. Jahrhunderts an Karneval bei Soupers, Redouten und Bällen immer öfter unter sich, so feierte die mittlere und niedere Bürgerschicht aufgrund der Fastnachtsverbote durch die Franzosen Karneval verstärkt zu Hause. Durch den allgemeinen Anstieg der Armut fiel das fastnächtliche Treiben immer bescheidener aus, die breite Bevölkerung konnte sich das Feiern nicht mehr leisten.

Mit dem zunehmenden wirtschaftlichen und sozialen Verfall der Stadt verwahrloste auch der Karneval in den Straßen und Wirtshäusern. 1800 schrieb Albert Klebe in seinen Reiseberichten:

> „Alle Wirtshäuser ertönten von Musik und Gläserklang und dem Brüllen und Jauchzen des besoffenen Pöbels. Allein an diesen maskierten Personen beiderlei Geschlechts konnte man sehen, auf welcher niedrigen Stufe von Bildung und Geschmack das Volk von Cölln noch steht."

So sah der Karneval von Frauen und Männern aus, mit dem sich die preußische Besatzungsmacht nach 1814 auseinanderzusetzen hatte. Mit einer neuen Ordnung versuchten die Preußen 1821, den Karneval zu reglementieren. Wohl ohne Erfolg, denn zwei Jahre später machten sich einige Kölner Herren für eine „Reformierung" des Karnevals im romantischen Sinne stark. Ihre Absicht bestand zum einen darin, dem Karneval „einen neuen symbolhaften Inhalt" zu geben und zum anderen die gesellschaftliche Oberschicht, die sich in den letzten Jahren immer mehr vom rohen Treiben abgewandt hatte, durch eine zunehmende Literarisierung wieder für das Fest zu begeistern (Klersch, 1961). Das „festordnende Comité" (so hieß das Festkomitee) war geboren.

Der organisierte Karneval stellte von Anfang an eine reine Männerangelegenheit dar. Frauen war die Mitgliedschaft im Festordnenden Komitee und in Karnevalsgesellschaften oder die Teilnahme an den ersten Karnevalssitzungen und Umzügen verboten, wie sie auch vom allgemeinen öffentlichen Leben ausgeschlossen wurden. Bis ins 20. Jahrhundert herrschte die Auffassung:

> *„Daß die Hauptaufgabe der deutschen Frau nicht auf dem Gebiet des*
> *Versammlungs- und Vereinswesens liegt, nicht in dem Erreichen von*
> *vermeintlichen Rechten, in denen sie es den Männern gleichtun kön-*
> *nen, sondern in der stillen Arbeit im Hause und in der Familie."*

Soweit die programmatische Äußerung Wilhelms II. von 1910.
Frauen waren bis 1918 vom Wahlrecht ausgeschlossen, die Mitgliedschaft in (politischen) Vereinigungen wurde ihnen 1850 (bis 1908) verboten, zu den Gymnasien und Universitäten hatten sie nur unter großen
Schwierigkeiten Zugang. So wurde in Köln das erste Mädchengymnasi-
um 1903 eröffnet; 1907 wurden Frauen zum Studium an der Kölner
Handelshochschule zugelassen. Doch mit der Eheschließung verloren
Frauen auch die letzten Rechte einer erwachsenen Person. Wie im
öffentlichen Leben überhaupt, so auch im Karneval. Die „Emanzi-
pationsgeschichte" der Frauen des 19. und 20. Jahrhunderts findet ihre
Parallele in der Entwicklung des organisierten Karnevals.

Frauenpower anno dazumal - ävver ömesöns

Bereits 1846 versuchte ein Flugblatt mit dem bezeichnenden Titel „Auf-
ruf an die Frauen zur Emanzipation" nicht nur die Aufmerksamkeit auf
die allgemein fehlende Gleichberechtigung zu werfen, sondern auch
auf die innerhalb des (organisierten) Karnevals, wie die Zeichnungen
belegen: Die Darstellungen weintrinkender und musizierender weiblicher Gestalten mit Karnevalsmützen verdeutlichen den Wunsch der
Frauen, am Karnevalstreiben teilzunehmen. Begründet wird der ange-
strebte Wechsel durch die allgemeinen Veränderungen: In Europa
saßen drei Königinnen auf dem Thron, hundert Frauen dichteten, führten die Feder, viele komponierten, spielten Geige und Cello, trugen
Hosen und Brillen, ritten, politisierten und rauchten Tabak.

Doch im Karneval blieb den Frauen die Mitgliedschaft verwehrt.
Obwohl es sich nicht um politische Vereine handelte, bestand vielleicht
von Seiten der Karnevalsgesellschaften die Angst, durch Aufnahme von
Frauen, denen 1850 die (politische) Vereinsmitgliedschaft verboten
worden war, die Genehmigung der Versammlung zu verlieren. Nicht
selten löste die preußische Regierung auf Verdacht der politischen
Betätigung Vereine auf.

Das heutige Festkomitee-Vorstandsmitglied Ilse Prass betont zudem,
dass „zumindest die großen Traditionskorps wie Rote Funken oder

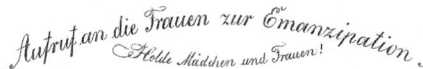

Zeugnis früher Frauenbewegung: Flugblatt aus dem Jahr 1846

Ehrengarde nun einmal Parodien auf das Militär sein sollen", da gäbe es für Frauen keinen Platz. Warum allerdings - in einer Parodie - Frauen nicht in Uniform auftreten können, bleibt unklar. Stellten sie nicht eine noch bessere, weil gesteigerte, Persiflage dar? Nicht nur Männern ist aber diese Vorstellung gar ein Graus. Elke Speth, Vizepräsidentin der KG Alt-Lindenthal: „Das kann ich mir nicht vorstellen. Wenn ich Düsseldorfer Prinz und Prinzessin sehe, dreht sich mir der Magen um."

Wie groß Anfang des 20. Jahrhunderts die Angst der Männer vor einer Gleichberechtigung der Frauen gewesen sein muß, belegt der Rosenmontagswagen „Frauenemancipation" von 1901, auf dem ein Mann mit einem Säugling im Arm von einem übergroßen Damenschuh niedergedrückt wird. Der Wagen wurde „von trauernden Ehemännern"

Bild aus dem Leporello „Cöllner Carneval 1901"
„Frauenemancipation Gesellschaft"

und Männern mit Kinderwagen begleitet. Davor ging eine Gruppe Männer, die die „Frauen der Zukunft" darstellten.

Auch fünfundzwanzig Jahre später wurde das Thema Frauenemanzipation im Karneval weiterhin aufgegriffen: 1926 trat Jean Pannenberger als „Frauenrechtlerin" mit strenger Frisur und bis oben geschlossenem schwarzen Kleid als Büttenredner auf. Selbst heute handeln viele Karnevalswitze von dieser Thematik.

Frikadellcher maache un Kooche backe

Durften Frauen auch nicht offizielle Mitglieder werden, so wurden sie dennoch stets um Mitarbeit und Unterstützung gebeten. Die Große Karnevalsgesellschaft forderte 1847:

> *„Die Frauen und Mägdlein tragen inzwischen daheim Sorge, daß der Henkelmann und der Kabaß gehörig gespickt und die Steinmang bestens mit Flaschen gestivvelt wird, auf daß und damit es auf meinem Jubel-Picknick auf dem Gürzenich [...] mit vollem Rechte heißt: so etwas ist noch nicht da gewesen,- Hätzche, was begeersch do!"*

Die weibliche Mitwirkung sah und sieht in vielen Gesellschaften sehr einseitig aus: Sie beschränkt sich auf finanzielle Unterstützung und frauenspezifische Hausarbeiten und natürlich auf das Abholen nach den meist feuchtfröhlichen Männersitzungen, ohne dass dies von den Männern öffentlich gewürdigt wurde bzw. wird: esu es et halt!

Die Würdigung weiblicher Hilfe im Karneval scheint gar nicht vorgesehen. Zur „Würdigung in besonderes Verdienste[n] um den Kölner Volkskarneval" verleihen der Oberbürgermeister der Stadt und der Vorsitzende des Bürgerausschusses den Orden am Bande. Eine auf weibliche Würdenträgerinnen abgestimmte Urkunde aber gibt es wohl nicht: Als Herta Reiss 1994 (!) geehrt wurde, musste auf ihrer Urkunde das „Herrn" durchgestrichen und durch „Frau" ersetzt werden.

„Wer sing Frau leev hät,
liet se zo Hus und brängt se nit en et Gedräng"

Auch die Karnevalssitzungen waren den Männern vorbehalten - angeblich weil die Scherze und Lieder zu derb und deshalb „weniger für Damenohren und Damenaugen" bestimmt gewesen seien. Die eigentliche Ursache für den Ausschluss der Frauen von den Sitzungen lässt sich aber wohl eher im Frauenbild jener Zeit finden: das öffentliche Leben war den Männern vorbehalten.

Seit den 1880er Jahren veranstalten die Familiengesellschaften „von den üblichen Derbheiten gereinigte" Sitzungen mit Damen. Hierzu ein Ausschnitt aus der „Rheinischen Wochenschrift für Hauswirtschaft und Mode, Handarbeiten und Unterhaltung" von 1907:

> „Man mag einerseits diese Gemeinsamkeit karnevalistischer Sitzungen auch tadeln, als ein Vorschub der weiblichen Vergnügungssucht, so könnte man doch anderseits die Mitherrschaft der Frauen im karnevalistischen Reiche froh begrüßen, insofern sie dazu führte, die Fahne der guten Sitte hochzuhalten und den Ausschreitungen vorzubeugen, die in den letzten Jahren nur zu oft die Stelle eines derben, aber gesunden Kölner Humors einnahmen und unser gutes, vaterstädtisches Fest in Bausch und Bogen in Verruf zu bringen drohen. [...] Aber leider machen die Frauen von ihrem Recht, Vertreterinnen und Hüterinnen der guten Sitte zu sein, nicht immer in diesen Sitzungen Gebrauch."

Frauen sollten sich in ihrer „weiblichen Vergnügungssucht" zurückhalten und die „gute Sitte" bewahren. Ein paar Zeilen weiter wird gar gefordert, dass die Frauen die Sitzungen boykottieren sollten. Doch anscheinend hielten sich nur wenige Frauen an diesen Ratschlag, denn in der ersten Hälfte des 20. Jahrhunderts fanden weiterhin viele Sitzungen mit Damen statt. Es bleibt auch zu bezweifeln, dass sich die Männer bei der Gestaltung der Sitzungen durch moralische Einwände der Frauen hätten beeinträchtigen lassen. Denn obwohl Damen als Publikum zugelassen waren, wurden die Programme hauptsächlich oder ausschließlich von Männern gestaltet. Noch heute ertönen nicht nur auf den reinen Herrensitzungen so derbe sexistische Witze, dass sogar Männern das Lachen vergeht.

Sag' es mit Goethe

So empfindlich scheinen weibliche Ohren um die Jahrhundertwende nicht gewesen zu sein. Beschwerte man sich 1891 beim Kölner Domkapitular, dass sowohl Männer als auch Frauen „gemeinste, zotigste Lieder" auf der Komödienstraße sängen. So zum Beispiel:

> *„Komm doch, komm doch Liebchen mein,*
> *Fastnacht muss gevögelt sein.*
> *Leg geschwind dich auf die Bank,*
> *Denn mein Zepter wird schon lang.*
>
> *Enge wird, enge wird ihm das Haus,*
> *Aus der Hos' wächst er heraus,*
> *Und sein Kopf so glatt und breit,*
> *Gleich die Lebenstropfen speit."*
> **(nach Frohn, 2000)**

Ganz schön unanständig! Aber auch das bedeutet Karneval: den Tabubruch zu zelebrieren oder auf Gutdeutsch die Sau rauszulassen. Sich wie ein Kind zu benehmen und sich der Vulgärsprache zu bedienen, die Dinge beim Namen zu nennen - klar und deutlich - ohne das Ansehen zu verlieren, schreibt Wolfgang Oelsner im Buch „Goethe und die Narren", gehöre auch zum Fest der verkehrten Welt.

Dass dieses Vulgärsein keineswegs vor der gebildeten Schicht Halt macht, belegt die Tatsache, dass sich auch Goethe durchaus jener krassen Ausdrucksmittel bediente. So läßt er z.B. seinen Hanswurst bezüglich dessen Hochzeitsschmaußes sagen:

> *„Ich mögt wohl meine Pritsche schmieren*
> *Und sie zur Thür hinaus formiren*
> *Indess was hab ich mit den Flegeln*
> *Sie mögen fressen und ich will vögeln"*
> **(nach Oelsner, 1999)**

Und Goethe galt und gilt auch heute noch als literarisches Vorbild! Und wie stolz waren die Kölner, als Goethe 1825 dem Kölner Karneval gar ein Gedicht widmete. Im Karneval wird das Tabubrechen ritualisiert und dadurch kontrollierbar. Und was für ein Glück: Am Aschermittwoch ist alles vorbei! Und schuld ist sowieso: der Nubbel.

Vom Hausfrauennachmittag zur Mädchensitzung

Um aber die weiblichen Ohren vor allzu viel Derbheit zu schützen, gab es im 19. Jahrhundert neben den gemischten Sitzungen auch sogenannte Damenkränzchen. Sie waren in zwei „Abteilungen" aufgeteilt: Auf eine karnevalistische Vorführung folgte nach der Pause ein Lustspiel. Anschließend gab es wohl eine Tanzveranstaltung, denn Ilse Prass berichtet, dass dort die heiratsfähigen Töchter ausgeführt wurden. Die Gesellschaften organisierten genügend Offiziere, damit die Töchter anschließend Tanzpartner hatten. So wurde das Vergnügen mit dem Nützlichen vereinbart.

In den fünfziger und frühen sechziger Jahren des 20. Jahrhunderts boten einige Karnevalsgesellschaften den Frauen eigenes Karnevalsvergnügen an. Diese Veranstaltungen erhielten den für heutige Ohren biederen Namen „Hausfrauennachmittage" und wurden später zur „Mädchensitzung". Inzwischen bieten fast alle Gesellschaften solche Mädchensitzungen an. „Frauen genießen es, sich unbeachtet von den Herren der Schöpfung zu amüsieren, aus sich herauszugehen und auch mal über gewagtere Witze zu lachen", glauben Klaus Zöller und Wolfgang Oelsner die steigende Beliebtheit der Mädchensitzungen erklären zu können.

Allerdings gibt es bei den traditionsbewußten Kölner Karnevalsgesellschaften, die auch heute noch keine Frauen als Mitglieder aufnehmen, einen Herren-Elferrat, die anderen Mädchensitzungen werden von einem weiblichen Elferrat geleitet.

In den Prunk- und Stunksitzungen der alternativen Karnevalsszene ging es „emanzipierter" zu: Hier saßen und sitzen nicht nur Frauen im Elferrat, sondern 1989 überraschte man mit einer Präsidentin: „Total verrückt! Frau leitet Prunksitzung" schrieb die Boulevardzeitung EXPRESS. Die siebenundzwanzigjährige Gabi Köster übernahm die Sitzungsleitung. Für die Karnevalssession 1998/99 und folgende hatten sich auch die „Stunksitzer" für eine Frau entschieden: Biggi Wanninger „gewann" bei der Wahl gegen zwei Männer und eine weitere Frau.

Wolle mer se rin loße?
Jecke Wiever op d'r Bühn un em Zoch

Durften Frauen bereits in der zweiten Hälfte des 19. Jahrhunderts als Zuschauer an den Karnevalssitzungen teilnehmen, so treten sie selbst erst seit Mitte des 20. Jahrhunderts auf den Bühnen der Karnevalsgesellschaften auf. Vorher schlüpften Männer mit großer Beliebtheit in Frauenrollen. Allerdings ist im „Heftbericht" der Großen KG im Jahre 1894 von einem „Fräulein Gladbach" in der Bütt die Rede. Ob dieses Fräulein wirklich eine Frau war oder doch nur ein verkleideter Mann - das bleibt noch zu klären!

Eine sehr reale Ausnahme bildete Grete Fluss, die bereits vor dem Zweiten Weltkrieg ein karnevalistischer Bühnenstar war.

Erst nach 1949 bürgerten sich Frauen als auftretende Künstler im Karneval ein. Doch ist der Anteil an Büttenrednerinnen oder Liedermacherinnen im offiziellen Sitzungskarneval bis heute gering. An Anfragen mangelt es nicht: 1984 hatten sich zum Beispiel mehrere Frauen bei den Vorstellungsabenden beworben. Doch nur eine - Hella von Sinnen - gehörte zu den „recht ansprechenden" Nummern.

Die ersten Damen auf der Bühne neben Grete Fluss waren Trude Herr und Lotti Krekel. Heute sind vor allem Marie-Luise Nikuta, Marita Köllner, Claudia Engels und Renate Fuchs im Sitzungskarneval bekannt. Inzwischen gibt es auch eine weibliche Mundartgruppe - „Colör". Die „4 Mädche us Kölle", wie sie sich auf ihrer Webseite nennen, verstehen sich aber nicht als Karnevalstruppe. Ihren ersten musikalischen Erfolgt schafften sie mit ihrem Song „Ävver dann".

Eine ähnlich lange - nennen wir es mal - Eingliederungszeit bedurfte auch die Beteiligung der Frauen an den Karnevalsumzügen.

Zwar zogen bereits im ersten Rosenmontagszug Frauen in der Gruppe der „Hellije Knäächte un Mägde" und nach dem Zweiten Weltkrieg auch die Tanzmariechen mit, aber ansonsten durften Frauen offiziell bis 1979 nicht im Rosenmontagszug mitgehen. Der Zugleiter Peter Schumacher hatte jedoch schon Anfang der siebziger Jahre Frauen in Männerkostümen inoffiziell mitmarschieren lassen.

Interessanterweise bildete die Kölnische Illustrierte Zeitung 1938 eine

Fußgruppe des Rosenmontagszuges unter dem Titel „Die Verdunkelungsübung" ab, in denen Frauen mitgingen. Außerdem fuhr 1949 Grete Fluss als „Mutter Colonia" auf einem Wagen im Rosenmontagszug mit. Tja, selbst im offiziellen Karneval gibt es Ausnahmen!

Ganz anders die Schull- und Veedelszöch: Als 1933 die ersten Veedelszöch durch die Straßen zogen, da waren Frauen ganz selbstverständlich mit dabei. Joseph Klersch und Otto Brügelmann hatten einen Bürgerausschuss initiiert, dessen Aufgabe es sein sollte, in einer Zeit der immer stärker werdenden Vermarktung des Karnevals durch die Politik „den echten Kölner Volkskarneval zu erhalten". Da durften Frauen natürlich nicht fehlen. Auch als 1951 dann die Schullzöch dazu kamen, waren die Wiever aktiv dabei. Neben all den Frauen, die jedes Jahr nicht nur mittrecke sondern auch mit viel Herz und Engagement die Kostüme nähen, Plakate malen und für die Verpflegung unterwegs sorgen, sticht eine besonders hervor: Marianne Trompeter (Jahrgang 1939) schlug sich 20 Jahre tapfer durch den Organisationswust der Schullzöch und behielt die Nerven, bis es wieder hieß: D'r Zoch kütt! Obwohl die Schulrätin bereits seit Dezember 2000 im Ruhestand ist, organisierte sie in der Session 2000 zum letzten Mal „dat Hätz vun Kölle". Nachfolgerin soll auch wieder eine Frau werden.

Frauen an die Macht?

Erste Ansätze für eine offizielle Einbindung der Frauen im organisierten Karneval zeigten sich 1990, als der damalige Festkomiteepräsident - Gisbert Brovot - gewaltig für Aufregung sorgte, indem er zwei Frauen in den Vorstand des Festkomitees holte: Ilse Prass für den Bereich Brauchtum und Caroline Hamacher-Linneberg für Öffentlichkeitsarbeit. Doch bereits 1994 stellte sich Letztere nicht mehr zur Wahl. Die Werbefachfrau berichtet in einem Gespräch mit dem „Kölner Stadt-Anzeiger", sie habe mit ihren Ideen und „auch einfach als Frau" große Probleme mit dem erweiterten Vorstand gehabt. Zwar hatte sie von Anfang an gewußt, dass sie es „schwer haben" würde, dennoch habe sie gehofft, den Vorstand von ihren Ideen überzeugen zu können. Ihre Vorschläge seien nicht diskutiert, sondern „einfach auf eine unendlich lange Bank geschoben worden". Außerdem habe sie stets das Gefühl gehabt, bei einigen der männlichen Vorstandsmitgliedern unerwünscht zu sein. So wunderte es sie nicht, dass die freie Stelle anschließend wieder von einem Mann besetzt wurde.

Ilse Prass ist derzeit neben siebzehn (!) Männern die einzige Frau im Vorstand des Festkomitees.

Die erste hauptamtliche Stelle beim Festkomitee wurde ebenfalls von einer Frau besetzt: Barbara Ulhardt hat - als Historikerin und Islamwissenschaftlerin - das Karnevalsmuseum mitaufgebaut. Leitung des Archivs, Sammlungserweiterung und Neukonzeption des Hauses gehörten zu ihren Aufgaben. Doch auch sie wurde letztendlich durch einen Mann, den Kunsthistoriker Matthias Vonderbank, der nun auf Honorarbasis für das finanziell gebeutelte Festkomitee arbeitet, ersetzt. Warum? Jürgen Palm, Personalchef des Festkomitees: „Frau Uhlhardt war alleinerziehende Mutter, und ihre Zeiten stimmten nicht mit unseren überein." Uhlhardt gegenüber wurde die Kündigung dagegen mit „Rationalisierungsmaßnahmen" begründet, ein „Frauendefizit" hat sie nie verspürt. So unterschiedlich können Wahrnehmungen sein. Nach drei Jahren schied Uhlhardt Ende September 2000 aus.

Die Frauenversteher

In den Karnevalsgesellschaften gibt es inzwischen einen regelrechten Streit darum, wer als erster Verein auf seinen Sitzungen auch Frauen zuließ. „Wir waren die ersten", ruft Armin Wilhelm, Vizepräsident der KG Blomekörfge, laut und unmissverständlich aus. Schließlich sei der Verein 1867 aus einem gemischten Chor entstanden. „Selbst wenn wir Frauen hätten ausschließen wollen, hätten wir das nicht gekonnt, ohne den Bestand des Vereins zu gefährden." 50 Prozent aller Mitglieder sind auch heute noch Frauen. Wilhelm: „Das hätte eine Palastrevolution gegeben." Von Anfang an sollen die Frauen bei der KG volles Stimmrecht gehabt haben, der erste schriftliche Beleg für eine Sitzung mit Damen stammt aber erst aus dem Jahr 1900. Es ist aber davon auszugehen, dass Frauen bei vollem Stimmrecht bei den Blomekörfges auch schon vorher mitgefeiert haben.

Noch früher, nämlich 1856, will die KG Greesberger das Novum einer Sitzung mit Damen eingeführt haben und betont auch immer wieder gerne, dass sie so „fortschrittlich" gewesen sei. Doch bereits 1854 warb die Große Karnevalsgesellschaft für ein „Damen-Comite" im „deutschen Brustcaramellentempel zum Besten der verschämten Colonienserinnen". Es handelte sich dabei mehr um eine Art kleines Theaterstück „in vier Viertel". Aus dem Jahr 1843 liegt im Kölnischen Stadtmuseum eine Eintrittskarte zur „Generalversammlung der Carnevals

Freundinnen" mit dem Titel „Alaaf d'
Köln'schen Frauen u. Mädchen" vor.
Ob eine solche Veranstaltung auch
stattgefunden hat, konnte bis jetzt
nicht belegt werden.

Im Jahr 1880 sorgte die von Maria
Heinrich Hoster neugegründete KG
Narrenzunft für Aufsehen. Er engagierte sich zum Leidwesen der Traditionellen für eine stärkere Beteiligung
und Einbeziehung der Frauen im Karneval: Herrensitzungen im eigentlichen Sinne gab es in dieser Gesellschaft nicht, alle Veranstaltungen
waren auch für Frauen offen. Die ande-
ren großen Gesellschaften sahen darin einen Verstoß gegen den „beton-
ten männlichen Charakter des Kölner Karnevals" und warfen in einem
Brief an den Oberbürgermeister 1888 der Narrenzunft vor, keine „rich-
tige" Karnevalsgesellschaft zu sein. (Klersch, 1961) Als allerdings 1981
bei der Narrenzunft die Mitgliedschaft für Männer eingeführt wurde -
denn vorher waren nur die Vorsitzenden offizielles Mitglied - schloss
man(n) Frauen davon aus.

Nach 1880 fand diese Art von „Vereinigung" immer mehr allgemeines
Gefallen, so dass sich viele Gesellschaften der Narrenzunft anschlossen.
Sie nennen sich bis heute Familiengesellschaften. Doch diese Bezeich-
nung trifft im Grunde nicht auf alle zu, denn nur ein geringer Teil
nimmt - inzwischen - Frauen als aktive Mitglieder auf. In den meisten
Familiengesellschaften „dürfen Frauen nur feiern".

Frauen in den Vorständen

Kein Revoluzzer, aber doch immerhin sehr mutig war Große-Kölner-
KG-Chef Bruno Wüst, mit dem was er 1993 tat: Er setzte die Gleichberechtigung der Närrin erstmals auch in einer altehrwürdigen, führenden Karnevalsgesellschaft durch.

Fünf Damen bestimmten im Präsidium die Geschicke der KG mit. Bei
der KG Blomekörfge rückte bereits 1979 eine Frau in den geschäfts-
führenden Vorstand: Schatzmeisterin Karin Dohlen war ein Unikum.

Erst im April 2001 schied sie nach 22 Jahren Vorstandsarbeit aus und ist seitdem Mitglied im Beirat. Inzwischen werden Frauen immer häufiger nicht nur als aktive Mitglieder zugelassen, sondern auch vermehrt in den Vorstand geholt.

Heute kann die Große Kölner KG drei weibliche Mitglieder im erweiterten Vorstand aufweisen. Pressesprecherin Angela Kanya-Stausberg betont, dass außerdem „immer mindestens zwei Frauen im Elferrat vertreten" sind. „Und bei der Mädchensitzung sind sie sogar in der Überzahl." Auch die Anzahl der weiblichen Senatoren und Ehrensenatoren ist gestiegen. Die KG Alt-Lindenthal hat sogar insgesamt vier Frauen im Vorstand. Und nicht nur das. „Unser Vizepräsident ist eine Frau", berichtet Präsident Carl Hagemann mit Stolz. Trotzdem wird Vizepräsidentin Elke Speth im Verzeichnis des Festkomitees nicht mit Namen geführt. Nach dem Präsident rangiert stattdessen der erste Vorsitzende Martin Plug. Ein Versehen? Hagemann erklärt sich das so: „Man streitet so ein bisschen um die Rangfolge. Eigentlich ist es schon so, dass der erste Vorsitzende der Zweitwichtigste nach dem Präsidenten ist." Eigentlich. Die Rolle der Vizepräsidentin sei aber mittlerweile eine sehr aktive. Zum Beispiel dürfe sie bei der Kostümsitzung zusammen mit dem Präsidenten die Ansagen machen.

Der Prinz heisst Gerti: Nicht nur Vorstandsposten werden inzwischen von Frauen bekleidet. Besonders in den Veedeln übernehmen sie auch höchst närrische Ämter. In der Session 2000/2001 stellten ausschließlich Frauen das Dreigestirn in Köln-Merheim.

Verwirrung beim Männerabend

Von „totaler Ablehnung bis hin zu einfacher Ignoranz" reichten die Reaktionen außerhalb des Schutzraumes „Verein": Elke Speth wurde 1997 als erste Frau Vizepräsidentin, und sie sieht sich „in erster Linie als Mitglied, nicht als Frau". Trotzdem rief ihre Wahl großes Erstaunen hervor. „Innerhalb des Vereins war das kein Thema - auch bei den Älteren", erinnert sich die 43-jährige heute. Es habe auch viele gegeben, die das Klasse fanden. Der Präsident schickte seine Stellvertreterin „ganz bewusst" auch zu den Präsidenten-Abenden, was für „einige Verwirrung" sorgte. Speth bekam bald zu spüren: „Der Karneval ist eine Männer-Domäne, da kommen Sie nicht hoch als Frau."

Elke Speth war von Anfang an in der Gesellschaft engagiert: „Ich hatte schon immer eine große Klappe. Irgendwann hat man mich dann gefragt." Speths Aufgabe ist es vor allem zu repräsentieren; sie ist aber auch Ansprechpartnerin für die Frauen. „Wenn es ein bisschen Knatsch gibt, ist es gut, dass ich da bin, um zu vermitteln." Typisch Frau. Dass so wenig Frauen Ämter im Karneval bekleiden, liegt ihrer Meinung nach nicht an den Männern. „Vielen Frauen reicht es schon, die Frau des Generals oder des Adjutanten zu sein." Derlei Rangordnung empfänden Frauen schlichtweg als banal. „Die feiern lieber."

Schmusereien und andere Risiken

Vielleicht haben sie sich aber auch die Worte von Jupp Söller, Präsident der „Großen von 1823", zu Herzen genommen, der meint: „Ich habe Frauen sehr gerne im Karneval - nur nicht in der Gesellschaft." Eine Diskriminierung sei dies jedoch nicht. „Im Gegenteil: Unterschiedliche Geschlechter vertragen sich nicht, sobald es um Positionen geht. Ich denke da nur an die Schmuserei..." Glückliche Ehen würden plötzlich geschieden. „Es sind die zwischenmenschlichen Beziehungen, die dann Probleme bringen." Doch abgesehen davon seien die Frauen voll eingebunden. Als Dank und Anerkennung dafür darf die holde Weiblichkeit jedes Jahr auf einen gesonderten Damenorden hoffen.

Da blieb den Frauen ja nichts anderes übrig, als selbst eine KG ins Leben zu rufen. Das haben einige Frauen prompt auch getan und für entsprechenden Wirbel in der beschaulichen Karnevalistenwelt gesorgt: 15 jecke Wiever gründeten 1999 die erste weibliche Karnevalsgesellschaft von Köln - „Colombina Colonia".

Ein Pfahl spaltet die Kölner - Frauen als Wagenfigur

Seit dem ersten Rosenmontagszug gibt es Frauen - mal als Hauptperson, mal als „Dekoration" - als Wagenfigur. Anfangs „nur" romantischer Schmuck, stellen die weiblichen Figuren inzwischen meist nackte oder aufreizend gekleidete Frauen dar, während männliche häufig nur karikiert werden.

Im Februar 1993 erregte der Karnevalswagen „Frauentorso mit Brüsten und Pflock an Knoblauch" des Kölner Künstlers Wolf Vostell heftige Diskussionen. Höhepunkt war die am 15. März 1993 vom Köln-Archiv und vom Feministischen Frauenamt organisierte Podiumsdikussion mit dem provokanten Titel „Humor ist, wenn Mann lacht oder – Der alljährliche Sexismus im Karneval". Die Teilnehmerliste umfasste sowohl Vertreter des organisierten Karnevals als auch Frauen und Männer der Kultur- und Medienszene Kölns: Unter anderem beteiligten sich der stellvertretende Direktor des Kölnischen Stadtmuseums Michael Euler-Schmidt, Monika Salchert von „Radio Köln", Kirsten Boldt vom „Kölner Stadt-Anzeiger", Alice Schwarzer, der Präsident der KKG Alt-Lindenthal Hans Carl Hagemann, die Cartoonistin Franziska Becker, Bürgermeisterin Renate Canisius und der Vater einer „halbwüchsigen" Zugzuschauerin an der Diskussion.

Das corpus delicti: „Frauentorso mit Brüsten und Pflock an Knoblauch"

Ausschlaggebend war ein Telefonat jenes Vaters mit Lie Selter vom Frauenamt der Stadt Köln gewesen: Kritisiert wurden die sexistischen Aspekte, die nicht akzeptable Gewaltdarstellung, das Problem der Gewaltbereitschaft gegenüber Frauen, die Deplaziertheit des Wagens im Rosenmontagszug unter Humor- und Karikaturgesichtspunkten sowie die fehlende Möglichkeit der Sinnerfassung des Betonpfahls.

Die „Gegner" des Wagens warfen dem Künstler vor, die „Gewalt in der Gesellschaft, hier gegenüber Frauen, geradezu herauszufordern" – zitierte der „Kölner Stadt-Anzeiger". Michael Euler-Schmidt vom Kölnischen Stadtmuseum versuchte den Wagen besänftigend zu interpretieren: „Es ist eine Grundkritik an unseren Lebensverhältnissen. Seine Symbole des Lebens, Knoblauch und Weiblichkeit, stellt er als Provokation einem aufgesetzten Betonpfeiler entgegen. Er steht für Unbeweglichkeit, Verhärtung und Engstirnigkeit in unserer Gesellschaft." Doch die „Gegner" bezeichneten den Wagen eher als „engstirnig, sexistisch, gewaltverherrlichend, pornographisch" und fragten, „wie weit denn die Freiheit der Kunst ginge" und ob „wohl alle Tabus [in der Kunst] gebrochen werden" dürften.

Besonders interessant ist, dass der Wagen von einer Kölner Sammlerin initiiert wurde: Karin Kowitz hatte Vostell gedrängt, den Wagen für sie zu entwerfen und das Ergebnis sei „gar nicht so schlimm" gewesen; es sei „eine Frage der Interpretation". Allerdings sei damals - wie Hagemann von der KG Alt-Lindenthal bemerkte - „der Busen übrigens noch heil gewesen", der Pfahl sei erst später - von Vostell allein initiiert - in den Frauenkörper eingefügt worden. Hagemann sah in der Aufregung der Kritiker einen Angriff gegen den „etablierten Karneval", denn „im Karneval müsse doch provoziert werden". Alice Schwarzer empfand den Entwurf - ohne Betonpfahl - ebenfalls „eigentlich harmlos", doch die Vostellsche Änderung machte aus einem „Softporno ein[en] Hartporno".

Der Künstler äußerte sich übrigens gar nicht zu dieser Diskussion, so dass letztendlich fraglich bleibt, wie der Künstler den Wagen interpretierte und warum er den ersten Entwurf um einen Betonpfahl ergänzte.

Kein Porno für Düsseldorf

Eine ähnliche Diskussion hatte 1989 ein Wagen des Künstlers Jacques Tilly im Düsseldorfer Zug ausgelöst: Er stellte die Düsseldorfer Karnevalsbosse dar, „denen der Fiskus durch Besteuerung des Rosenmontagszuges auch das letzte Hemd weggenommen hatte", schrieb der „Express". Stein des Anstoßes war die Nacktheit der Figuren mit „allem Drum und Dran" gewesen. Das Komitee hatte den Wagen mit der Begründung, die Pappkameraden seien „zu männlich" gewesen, vom Zug zurückgezogen, denn diese Darstellung habe „mit dem Karneval nichts zu tun" gehabt; es sei ein „Porno" gewesen. Der Wagenbauleiter Theo Undorf hatte schließlich den Figuren die Genitalien entfernen wollen, doch der Künstler wehrte sich gegen ein Neutrum und versuchte die Nacktheit zu verteidigen: „Busen und dralle Pos werden im Zug ja immer gezeigt." Doch im Rosenmontagszug „trugen" die „Männerfiguren" Feigenblätter. Was mal wieder beweist: Während die organisierenden Karnevalisten nackte Frauenfiguren als vollkommen gerechtfertigt ansehen - denn der Karneval soll ja provozieren - lehnen sie nackte Männer als „pornographisch" ab; nackte Frauen gehören zum Karneval, nackte Männer haben nichts mit Karneval zu tun.

„Busenkrieg" 1998: Ein Mottowagen im Düsseldorfer Zug
persifliert den hochgekochten Streit zwischen den beiden FK-Präsidenten.

Weiberfastnacht – ein Tag der Frauen?

Behaupte niemand, wir hätten ihn nicht gewarnt. Weiberfastnacht in Köln? Das bedeutet Ausnahmezustand mit allen Konsequenzen. Kluge Köpfe sorgen vor: Die Stadtverwaltung arbeitet nicht mehr, Geschäfte schließen schon am Mittag, wenn sie überhaupt öffnen, und in den Schulen steht Brauchtum auf dem Stundenplan. Erwachsene Menschen erscheinen als Baby, Lappenclown oder Biene Maja im Büro. Die Kölner zieht es zur Eröffnung des Straßenkarnevals zum Alter Markt. Nichts geht mehr. In Köln regiert das Weib.

Och, wat wor dat fröher schön doch en Colonia...

Ja, früher, da war die Weiberfastnacht noch echte Rebellion: Unsere Urahninnen rissen sich im 19. Jahrhundert am Karnevalsdonnerstag gegenseitig die Hauben vom Kopf und riefen dabei laut „Mötzbestot". Das Wort „bestot" geht wahrscheinlich auf das Verb „bestaden" zurück und bedeutet zum einen jemandem eine Stelle besorgen und zum anderen eine Tochter „unter die Haube bringen", also entweder in ein Kloster geben oder sie verheiraten. Durch den Eintritt ins Kloster oder in die Ehe wurden die Frauen aus dem Kreise ihrer Freundinnen genommen, der „Mötzebestot" lässt sich auf diese Weise als eine Art närrischer Protest gegen diese Sitte verstehen (u.a. Prass, 1994). Im frühen Mittelalter soll das Hauben-Abreißen sogar als sittenwidriges, ja strafbares Verhalten gegolten haben, wenn es mutwillig ausgeübt wurde. Die Haube war ein Symbol für die Zucht der Frau. Sie abzureißen, war der Beginn der Unzucht. Die Kölnerinnen brachen aus ihren sozialen Zwängen aus.

Auf dem Alter Markt ging es im 19. Jahrhundert wild her. Die Marktfrauen tollten Weiberfastnacht zwischen 12 und 13 Uhr auf dem Markt umher. Nachdem sie sich durch ein gutes Frühstück und „edles Naß in allen Qualitäten" richtig in Stimmung gebracht hatten, wurde jeder Mann, der sich ihnen näherte, zum willkommenen Opfer. Die Frauen rissen ihm den Hut vom Kopf und spielten damit derart „Livveraaz" (gegenseitiges Zuwerfen), dass die „Mötz" in den seltensten Fällen wieder an den Eigentümer kam. Vorbild waren den jecken Wievern närrische Nonnen. Prozession und Karneval lagen nah beieinander.

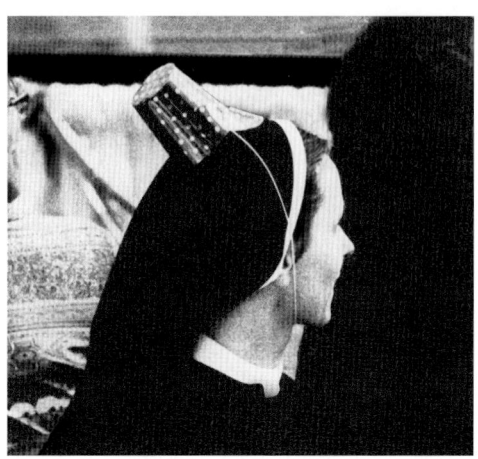

Ey, boa, ey... Halleluja!

Närrische Nonnen

Wer hätte das gedacht? Die Ursprünge der Kölner Weiberfastnacht liegen hinter Klostermauern. Das wohl älteste Karnevalslied zeichnete um 1500 eine Nonne namens Anna aus Köln in ihrem Liederbuch auf. Ob ihr wohl während des Gottesdienstes langweilig war? Wir wissen es nicht. Jedenfalls feierten närrische Nonnen Pfaffenfastnacht in den Klöstern, wie auch eine junge Nonne aus dem Benediktinerinnenkloster St. Mauritius 1729 in einem Brief bestätigt: „Wir haben die Fastnacht in aller Lust passiert." Man stelle sich vor: ehrwürdige Schwestern in höchst weltlichen Verkleidungen tanzen und springen lustig umher. Und „des Nachts, wenn die Frau Äbtissin schlafen gewesen, dann haben wir Thee, Kaffee und Chocolade getrunken und Dame gespielt... Das haben wir bis zwei Uhr gedahn in der Nacht" (Klersch, 1961). Kutte und Schleier wurden beiseite gelegt, und man vermummte sich „recht possierlich", berichtet ein Köln-Besucher im „Journal von und für Deutschland" 1785. „Der Carneval, den die Nonnen halten, hat den eigenen Namen, die Müzenbestapelung." Die Nonnen pflegten über ihre Haube eine Karnevalsmütze zu stülpen, schrieb der Karnevalsberichterstatter Peter Limbach über die Festkomiteegeschichte 1999.

Schnell sprach sich das lustige Treiben der Nonnen in der Stadt herum. Die übrigen Kölnerinnen und Kölner nahmen sich an ihnen ein Beispiel und trieben jedes Jahr am gleichen Tag Unfug in den Straßen. „Am tollsten war dies Treiben auf dem Altermarkte unter den Gemüseweibern, den Vorverkäuferinnen und den Bauern, oft ein wahrer Mänadentanz", schrieb der Kölner Autor und Realschullehrer Ernst Weyden 1862, als er sich in „Köln am Rhein vor 50 Jahren" an seine Jugendzeit erinnerte.

Und heute? Die Ordensschwestern feiern immer noch Fastelovend. Der Orden der Cellitinnen in Köln-Longerich etwa besorgt sich jedes Jahr die Noten des aktuellen Mottoliedes von Marie-Luise Nikuta und gibt es selbst zum Besten. Wie auch ihre Vorgängerinnen versuchen sie neben Mummerei und Possenspiel das Fest religiös zu deuten und auszurichten. Nur die „Mützen", die stapeln sie sich nicht mehr auf den Kopf.

Fastnacht auf den Straßen

Wenn heute zu Weiberfastnacht tausende Wiever Richtung Alter Markt ziehen und ausgelassen auf die Jagd nach den immer seltener werdenden Krawatten gehen, können wir nur noch erahnen, wie es zu früheren Zeiten zugegangen sein muss. Zu Beginn des 19. Jahrhunderts war der „Wieverfastelovend" – wie er seit den 1830ern heißt – eine Angelegenheit der Marktfrauen. Sie sollen in Männerkleidung und mit einem „Kohlblatt auf dem Kopfe" (Müller, 1930) auf dem Alter Markt „ausgiebig Bier und Korn" (Mahlberg, 1939) getrunken und sich dabei „das restliche Obst und Gemüse mit Freude und Ekstase um die Ohren geworfen" (del Mar, 1991) haben. Überhaupt galten die Kölnerinnen schon immer als recht trinkfest. Sie nahmen das besondere Recht in Anspruch, sich Freiheiten zu gönnen und die Männerwelt ihre Herrschaft spüren gelassen haben. Dies wird im folgenden Bittlied deutlich:

> *„Hück es use Dag;*
> *Vivat fetten Donnerschdag,*
> *Wieverfastelovend!*
> *Keene Schlag wied hück gedon,*
> *Höchstens op de decke Tromm;*
> *Vivat Fastelovend!*
>
> *Kasteroll und Koochepann,*
> *Wenn se mo' en och Blötsche han,*
> *Fiert dä Fastelovend;*
> *Schrummlavumm! Kapott, en neu!*
> *Wer nit metdeht, kritt ne Däu!*

Hee es Fastelovend!
Mannslück, kocht üch selver jet;
Nit gemuhz, un goht noh'm Bett!
Mir han Fastelovend!
Eamol schwenken mir de Täsch!
Noh paar Stond es alles Äsch:
Freud un Fastelovend!"
(nach Fuchs/Schwering/Zöllner/Oelsner, 1997)

Das Signal für den „Mötzebestot" gab der „Platzjabbeck" - ein aus Holz geschnitzter Kopf über der Uhr des Rathausturms. Wenn er um Punkt zwölf Uhr die Zunge herausstreckte, begann das bunte Treiben auf dem Alter Markt. Kleine Mädchen zogen durch die Straßen und sangen Lieder, berichtete Autor Ernst Weyden. Weiberfastnacht war schon früh ein „besonderes volkstümlich-jeckes Zeremoniell" (Fuchs/Schwering/Zöller/Oelsner, 1997) – ungeachtet jeden Alters und Geschlechts.

„Fastelòvend kütt erân,
Spille mer op der Büsse,
Alle Maedcher krigen 'ne Mann,
Ich un och min Söster"
(nach Leson, 1976)

Und nicht zuletzt erlaubte die Ausgelassenheit zu Karneval ein Sich-Annähern der Geschlechter und „hinter der Maske verdeckt, erste Kontakte zu knüpfen" (Falk, 1988).

Preußische Ordnung – wie langweilig!

Das Treiben in der Kölner Altstadt wurde immer ausschweifender. Unter preußischer Herrschaft beschloss deshalb die bürgerliche Oberschicht, dem ungeordneten Treiben der Geschlechter ein Ende zu bereiten. Die Neuerer wussten nichts mit Weiberfastnacht anzufangen – und so versuchten sie, dem dollen Treiben durch einen Umzug einen Mittelpunkt zu geben. 1833 zog vom Alten Kuhberg in der Straße „Vor den Siebenburgen" ein „prachtvoller Fackelzug" durch die Stadt. „Mit Pauken und Trompeten, von Trommlern und Pfeiffern lärmend begleitet, verkündeten [...] Kölns Jecken den Anfang der Fastnacht" (Fuchs/Schwering/Zöller/Oelsner, 1997). Jedoch ohne Erfolg. Ilse Prass: „Das Angebot fand bei den Frauen kein Echo." Sie ließen sich ihr Regiment nicht nehmen und feierten weiter ungeachtet jeder Regeln und Gebote auf den Straßen und in den Kneipen. Der Versuch, den Weiberkarneval durch einen öffentlichen, geordneten Zug zu integrieren, misslang. Die Wildheit der Frauen und die offizielle Ordnung der „Herrenfastnacht" passten einfach nicht zusammen.

Weiberfastnacht im Dritten Reich

Nach der Abschaffung der Märkte auf dem Alter Markt verfiel das Marktviertel zusehends. Feiern arteten immer mehr in alkoholische und „sexuelle Excesse" aus, so dass der Festausschuss in den 1930er Jahren durch das Hissen der Flagge des Prinzen auf dem Rathausplatz dem Karneval „eine zeitgemäße Art der Eröffnung" (Klersch, 1948) gab. Aber auch zur nationalsozialistischen Zeit galt der „Wieverfastelovend" als „allgemeiner Frauenfeiertag", an dem die Frauen „de Botze" (Mahlberg, 1939) anhatten, wenn es auch nicht mehr so deftig und handfest zuging wie einst. Aus der „Frauenfastnacht" wurden nur noch „Zusammenkünfte beider Geschlechter mit Damenwahl" (Spamer, 1936).

Das „neue Gesicht" der Weiberfastnacht

Nach dem Zweiten Weltkrieg eroberten die Frauen ihre wirtschaftliche Unabhängigkeit zurück, und durch das Grundgesetz erhielten sie die Gleichberechtigung auch auf dem Papier. Das neue Selbstwertgefühl der Frauen zeigte sich ebenso im Karneval. Die Frauen ernannten „Wieverfastelovend" erneut zu „ihrem" Tag, und die Weiberfastnacht rückte in die Reihe der Hauptfesttage des Kölner Karnevals. Das Marktviertel jedoch hatte seine Bedeutung zugunsten einer neuen großen Markthalle an der Bonner Straße eingebüßt – und so verlagerte sich auch die Weiberfastnacht dorthin. Joseph Klersch berichtet:

> *„Die Damen dieser Halle versuchten ihre alte Vorrangstellung zu behaupten und ihre Sprecherin wurde Frau Else Hoven, eine liebenswürdige und geschickte Dame, die sich hoch zu Roß auch recht gut ausnahm. So kam es, daß das Dreigestirn am Morgen der Weiberfastnacht 1950 um 10 Uhr in der Großmarkthalle, in die seit 9 Uhr morgens die Massen hineinströmte, die Fastnacht eröffnete. So blieb es auch in den nächsten Jahren, und es gab in der von Menschen und Masken überquellenden Halle ein buntbewegtes Bild."*

Bald jedoch kamen der Polizei Bedenken gegen „gewisse Vorgänge, die sich nach dem Abzug des Dreigestirns dort zugetragen hatten" und Weiberfastnacht in der Markthalle wurde 1953 verboten. Um welche „Vorgänge" es sich gehandelt hat, wird leider nicht näher erläutert, fest steht nur, dass die Polizei auch Bedenken hatte, es könne durch Überfüllung der Markthalle zu Unfällen oder Feuerausbrüchen kommen. So heißt es im „Erfahrungsbericht über die Kontrolle der karnevalistischen Veranstaltungen" vom 29. Mai 1952 der Ermächtigungs- und Vollzugsabteilung der Stadt Köln:

> *„Bei den Kontrollen [...] wurde immer wieder die Feststellung gemacht, dass die Notausgänge durch Tische und Stühle zugestellt waren. [...] Ferner wurde wiederholt die Feststellung gemacht, dass die vorgeschriebenen Handfeuerlöscher fehlten. Es dürfte zweifelhaft sein, ob zwei Eimer Wasser, die wahrscheinlich im Falle einer Panik nicht mehr heil bis zur Brandstelle gebracht werden können, als voller Ersatz angesehen werden können. Die Praxis hat jedenfalls das Gegenteil gezeigt."*

So kam es, dass 1953 an Weiberfastnacht der Straßenkarneval zum ersten Mal auf dem Alter Markt vom Dreigestirn und der Garde der Altstädter um 11.11 Uhr mit einer Sitzung im Freien eröffnet wurde. Aber auch dieser Platz hat ja, wie jüngste Beispiele zeigen, seine Grenzen. Zur Sessionseröffnung am 11. November 2000 drängten so viele Menschen in die Altstadt, dass der Alter Markt „wegen Überfüllung" geschlossen werden musste. Drängelgitter verhinderten den Zugang, Polizisten wachten streng über den Einlass. Verhinderte Jecke vor den Zäunen machten laut ihrem Unmut über die Einlasskontrolle Luft.

Arbeiten unerwünscht

Jedenfalls scheint Arbeiten heute wie damals zwecklos, wenn die Weiber los sind, wie ein Bericht über Weiberfastnacht von „Fritz Franz Florian" alias Presseamtschef Hans Schmitt-Rost aus dem Jahr 1956 zeigt:

> *„An diesem Tag haben die Frauen zu sagen. Praktisch greift eine allgemeine »Auflösung« um sich, wenngleich die Büros und Werkstätten normal geöffnet sind. Aber insgeheim hat man Getränke eingeschmuggelt, Radio und Koffergrammophon »organisiert«, einige Luftschlangen um die Tischlampen und Kleiderrechen drapiert und das Möblement auf Seite gerückt. Dann wird getanzt und gesungen, zwischendurch Publikum abgefertigt oder kurzerhand eingeladen, mitzutun.[...]"*

Weiberfastnacht gehen Frauen und Mädchen alleine aus, oft sind ganze Betriebe geschlossen unterwegs. Männer sind deshalb aber keineswegs unwillkommen, wie Schmitt-Rost in den 50er Jahren wohl auch erfahren hat:

> *„Aber sie müssen sich mucksmäuschenstill verhalten. Ihr Herrentum ist ohne jeden Wert, ihre Autorität erloschen. Das schließt nicht aus, daß sie alle Kavalierstugenden enthalten dürfen, über die sie verfügen. Aber in aller Bescheidenheit und Zurückhaltung. Wehe dem Angeber! Weiberfastnacht ist ein ganz netter Erziehungsfaktor für die Herren der Schöpfung. Etwa welche Grazie sie beweisen, wenn sie von fremden Frauen eingeladen werden. Das ist in Köln Sitte und dann absolut honett. Die gefüllte Brieftasche wirkt bei Herren auf Weiberfastnacht nicht besonders bestechend."*

Natürlich gibt es auch die, die nicht nur an Weiberfastnacht lieber „unbemannt" unterwegs sind oder die behaupten, dass „echte Kölnerinnen" ausschließlich mit Frauen unterwegs seien. So wie Cornelia Filter 1990:

> *„Die einzigen Männer, auf die Kölsche Frauen an diesem Tag Lust haben, sind Flachmänner und Pittermännchen."*

Sie zog gemeinsam mit der Fotografin Bettina Flitner in Bonn und Köln durch die Straßen und Kneipen, um sich ein Bild von der Weiberfastnacht 1990 zu machen. Sie berichten von zwei Frauen, „gestandenen Mitfünfzigern, in längsgestreiften Männerschlafanzügen", die schunkeln, sich zuprosten und vor Vergnügen „kreischen", sie seien „entlaufene Sträflinge", „ausgebrochen aus dem Eheknast". Von den Männern schreibt sie:

> *„18 Uhr. Immer mehr Männer wagen sich vor, die meisten betrunken. Sie gröhlen, pöbeln und rempeln. Die Stimmung kippt. Kehraus-Atmosphäre. Jetzt ist es Zeit, sich zu verkriechen, am besten in ein Frauenlokal. Da ist heute Hochsaison."*

Leider erfahren wir nichts über die Geschehnisse und die Stimmung in einem Frauenlokal. Zweifelsfrei wird auch da kaum eine nüchtern das Lokal verlassen haben.

Noch so ein Brauch

Und viele Frauen wollen ja auch gar nicht ohne Mann. Oder? Bützen und gebützt werden, ist das Motto. In der Session 1997/1998 schwor Prinz Konstantin, alle kölschen Mädchen zu bützen, was ihm - natürlich - nicht gelang. Dazu bemerkt eine Reporterin:

> *„Aber vielleicht wollen ja auch gar nicht alle. Und zu Weiberfastnacht spielen Männer sowieso eine untergeordnete Rolle. Am Anfang des Tages zumindest..."*

Bruno (ganz) Wüst von der Großen Kölner

Denn nach der öffentlichen Sitzung auf dem Alter Markt ziehen die Frauen durch die Kneipen der Kölner Altstadt, und dort gesellen sich dann peu à peu immer mehr Männer dazu. Allerdings handelt es sich dabei in den seltensten Fällen um die eigenen Ehe- oder Lebensabschnitts-Partner, wie es doch so schön heißt. Diese verbringen Weiberfastnacht meistens in ganz anderen Wirtschaften. Auf jeden Fall aber feiern im Verlaufe des Tages und abends seit der Entstehung der Kölner Weiberfastnacht in den meisten Fällen Frauen und Männer zusammen.

Was sind das nur für Zeiten! Die unorganisierte Weiberfastnacht hat selbst Züge der organisierten Unterhaltung angenommen, die Eröffnung des Straßenkarnevals - für viele nicht mehr als die größte „Open-Air-Sitzung" der Stadt: Das Unternehmen Karneval ist Männersache und selbst Weiberfastnacht wird heutzutage vom Dreigestirn, also von drei Männern, eröffnet. Begleitet wird es von den männlichen Altstädtern – abgesehen vom Tanzmariechen. Der Oberbürgermeister hält eine Ansprache, und auch dieses Amt wurde bis heute von keiner Frau besetzt. Schließlich feiern Frauen und Männer gemeinsam in den Kneipen. Dieses Feiern bildet sogar den eigentlichen Höhepunkt des Tages.

Weiberfastnacht ist wohl doch kein reiner Frauenfeiertag. Männer feiern mit – damals wie heute. Was sich seit Mittelalter und früher Neuzeit für die Frauen geändert hat: Damals war dies der Tag, an dem die Frauen die Sau raus lassen konnten und für wenige Stunden wortwörtlich die Hosen an hatten, ohne dafür gesellschaftlich zur Rechenschaft gezogen zu werden. Heute tragen Frauen selbstverständlich Hosen.

> *„Denn mir sin kölsche Mädcher, han Spitzebötzjer an,*
> *mer losse uns nit dran fummele, mer losse keinen dran..."*

Da war doch noch was?
Die Sache mit der Krawatte...

„Schnipp-Schnapp, der Schlips ist ab." Das genüssliche Grinsen in den Gesichtern der Frauen ist fast das Schönste an diesem Tag. Wenn sie voll Schadenfreude zur Schere greifen, in der Hand den Binder eines ihrer Opfer, das mal wieder vergessen hat, dass man(n) Weiberfastnacht in Köln keine Krawatte tragen sollte – zumindest nicht, wenn es sich um eine teure handelt. Jedoch schnibbelt heute hauptsächlich nur noch die ältere Generation. Sehen die Jüngeren keinen Sinn mehr darin, weil sie sich gleichberechtigter als die Generation ihrer Mütter fühlen?

Der Brauch des Schlips-Abschneidens ist wahrscheinlich zwischen den zwei Weltkriegen entstanden. Dem Schlips als einem Symbol männlicher Macht wird der Garaus gemacht. Einige wittern gar eine „psychologische Deutung in Richtung »Phallus-Symbol«", wie der „Bonner Stadt-Anzeiger" 1993 herausgefunden haben will. Andere sehen in der Krawatte eine „säkularisierte Form der Priesterstola" als Standes- und Rangabzeichen. Sie abzunehmen, bedeute, den Träger auf dieselbe

Stufe zu stellen. „Im Schutz der Maske für einen Tag verkehrte Welt spielen" wollen die meisten. Es gibt unzählige Versionen vom Ursprung dieses Brauches. Die Wahrheit liegt wohl irgendwo dazwischen.

Tatsache bleibt, dass niemand so gekonnt mit der Schere zur Tat schreitet wie die Frauen im Rheinland. Mit geballtem Charme gehen sie vor, dem sich kaum ein Mann entziehen kann. Denn der Verlust des männlich-modischen Accessoires wird mit Bützje versüßt. Dass es aber dennoch zu Beschwerden aufgrund eines abgeschnittenen Schlipses kommen kann, die sogar vor Gericht enden, belegt ein Bericht in der Frankfurter Rundschau:

> *„Mit Erfolg hat ein »Karnevalsopfer« vor dem Essener Amtsgericht jetzt Schadenersatz für den Verlust seines Schlipses während der »tollen Tage« 1987 eingeklagt. Die Angestellte eines Reisebüros hatte - nach alter närrischer Tradition - dem nichtsahnenden Kunden bei Betreten des Geschäftes an Weiberfastnacht die Krawatte abgeschnippelt, berichtete eine Gerichtssprecherin am Donnerstag. Das Gericht sprach dem Opfer 40 Mark Entschädigung zu. Laut Gericht beschränkt sich der Brauch darauf, den Narrenscherz an der Arbeitsstätte oder bei Bekannten, nicht aber gegenüber Fremden zu betreiben."*

Inzwischen gehen die meisten Männer an Weiberfastnacht ohne Krawatten auf die Straße. Spielverderber!

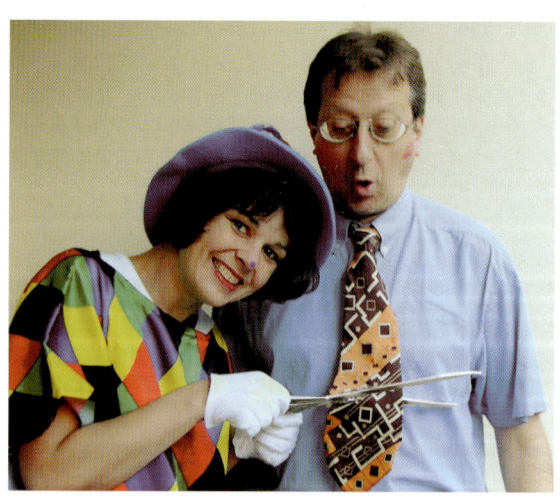

Eine Frau, die keine ist:
Die Jungfrau im Kölner Dreigestirn

Als sich im Jahr 1823 Männer zusammensetzten, um den Kölner Karneval organisiert wieder ins Leben zu rufen, wurde auch ein „Held Carneval" ernannt, der den Karneval personifizierte und alljährlich am Rosenmontag seinen Siegeszug durch Köln antreten sollte. Ihm zur Seite stand Prinzessin Venetia, seine Braut. Fälschlicherweise wird häufig angenommen, dass aus dieser Figur später die Kölner Jungfrau wurde. Doch bereits im ersten Rosenmontagszug – also 1823 – gab es eine Jungfrau. Sie zog aber nur dann im Zoch mit, wenn sie sich in das Motto - das gab es nämlich von Anfang an - einordnen ließ. In den Jahren 1858, 1867, 1876 und 1879 tauchten sogar beide Frauengestalten im Zug auf. Erst 1873 wurde die Jungfrau zum festen Bestandteil des Karnevals. Venetia hatte ihren letzten Auftritt wahrscheinlich 1879.

Die Kölner Jungfrau trug und trägt eine Mauernkrone und soll die unversehrte, freie, unabhängige und keiner Macht unterworfene Stadt versinnbildlichen. Neben dem Helden Carneval (seit 1872 der Prinz) und der Jungfrau gehört seit 1883 als fester Bestandteil der Bauer dem Dreigestirn an, der Köln als Mitglied des Reichsbauernstandes verkörpert.

Da der organisierte Karneval aber eine reine Männersache war, und die traditionsbewussten Karnevalsgesellschaften stets nur Männer als Mitglieder aufnahmen und teilweise noch aufnehmen, war es vollkommen selbstverständlich, dass auch die Jungfrau von einem Mann dargestellt wurde.

Travestie verboten! Die Nationalsozialisten in Köln

Im Dritten Reich änderte sich das schlagartig. Da die Nationalsozialisten gegenüber der Homosexualität feindlich eingestellt waren, passte das Bild eines Mannes in Frauenkleidung nicht zu ihrer Gesinnung. So gab das Festkomitee dem Druck der braunen Machthaber nach: Paula Zapf wurde 1938 die erste weibliche Jungfrau im Kölner Karneval, ausgesucht vom Festausschuss und von der deutschen Arbeitsfront. Die damals ledige 20jährige Paula Zapf arbeitete in einer Bekleidungsfirma, die sich anläßlich ihres 125-jährigen Bestehens nicht nur dazu bereit erklärte, eine ihrer Arbeiterinnen als Jungfrau auszusuchen, sondern auch die Rolle der Jungfrau zu finanzieren. Von Paula Zapf wurde erwartet,

Paula Zapf,
Kölner Jungfrau 1938

dass sie dem Dreigestirn einen „neuen Glanz" verleihen würde. Diese Aufgabe nahm sie laut Ilse Prass und Klaus Zöller überglücklich an.

Aber vom eigentlichen Karneval blieb Paula Zapf ausgeschlossen, da sie als Frau keiner Gesellschaft beitreten konnte und auch nicht als Mitglied in die Traditionsgemeinschaft der ehemaligen Prinzen, Bauern und Jungfrauen aufgenommen wurde.

Auch im Jahr darauf - 1939 - wurde die Rolle der Jungfrau von einer Frau dargestellt: Die 23-jährige Else Horion wurde für diese Rolle vorgeschlagen. Die Nichte des Landeshauptmannes Horion arbeitete als Kindergärtnerin im Werkskindergarten der Kölner Schokoladenfabrik Stollwerk. Als gebürtige Eifelerin war ihr der Kölner Karneval jedoch fremd. So wollte sie die ihr so

Else Horion,
Kölner Jungfrau 1939

fremde Gestalt nicht spielen und lehnte entschieden ab. Daraufhin holte sich das Festkomitee die Einwilligung ihrer Eltern. Freunde, Familie und Bekannte versuchten, sie zu überreden. Schließlich erklärte ihr der Vater, welch „große Ehre" (Prass/Zöller, 1993) es für sie sei, die Kölner Jungfrau darstellen zu dürfen, und so willigte sie doch ein. Auch 1940 wurde wieder eine Frau zur Jungfrau gekrönt, aber aufgrund des Krieges konnte sie ihr Amt nie antreten.

Ausgeschlossen

Im Jahr 1988 löste die Aufnahmeverweigerung Else Horions (inzwischen verheiratete Knappertz) von der Traditionsgesellschaft der ehemaligen Prinzen, Bauern und Jungfrauen (TG) einen „Riesenkrach" aus: Das damals amtierende Dreigestirn forderte ihre Aufnahme in die TG. Der Prinzenführer Helmut Bends, die Kölner Jungfrau von 1981, drohte gar mit seinem Rücktritt aus der Gesellschaft. Auch der ehemalige Prinz Claus Kegelberg äußerte in der Boulevardzeitung EXPRESS: „Wenn es eine weibliche Jungfrau gibt, gehört sie nach den Statuten auch in die TG." Die Gegner einer Aufnahme „argumentierten": „Eine Frau paßt einfach nicht zu uns. [...] Soll die etwa auch bei unseren Herrentouren mitfahren?" Die Fahrten galten nicht nur laut EXPRESS „als feuchtfröhliche und kräfteverschleißende Programme".

Ein Jahr später sollten die ehemaligen weiblichen Jungfrauen aber wenigstens geehrt werden. Dies hatte der Präsident der TG öffentlich zugesichert:

> „Wenn in der Messe das alte Dreigestirn in die TG aufgenommen wird, sind die beiden alten Damen dabei, werden geehrt."

Doch eine Einladung erhielten Paula Kriske (ehemals Zapf) und Else Knappertz nicht. Dieses Verhalten fand Helmut Bends so „taktlos", dass er nicht mehr an Veranstaltungen teilnehmen wollte:

> „Ein Wort gilt nicht mehr. [...] Ich bleibe nur noch Mitglied, weil ich hoffe, daß ein anderer Vorstand im nächsten Jahr mehr Stil hat."

Nach der Session 1988/89 legte er sein Amt als Prinzenführer - aus Protest? - nieder.

Einen „kleinen Trost" erhielten die beiden Frauen aber dennoch: Auf der Damensitzung der Prinzengarde wurden ihnen - als Ersatz für die im Krieg verlorengegangenen - zwei von Helmut Bends gestiftete Jungfrauenkronen übergeben. Auf diese Weise wurde ein Versprechen des Vorjahresdreigestirns eingelöst.

Auf eine telefonische Nachfrage, ob die beiden Damen inzwischen in die TG aufgenommen wurden, antwortete der Geschäftsleiter der TG, Peter Harens, im Sommer 1998:

> „Sie wurden zwei- oder dreimal eingeladen, sind aber nie erschienen."

Doch in einem privaten Dankesbrief an Herrn Bends schrieb Paula Kriske über die Kronenübergabe:

> „Es war so schön, wie zu meiner amtierenden Zeit als erste weibl. Jungfrau von Köln! Ich war mit Ihnen u. dem heutigen Trifolium so froh wie lange nicht. Niemand hat uns abgelehnt u. das tat gut."

Hätten sie wirklich eine Mitgliedschaft abgelehnt? Inzwischen sind beide Frauen verstorben.

Sollte so
eine Jungfrau sein?

Und wieder einmal: Tradition bleibt eben Tradition

Nach dem Zweiten Weltkrieg übernahm wieder ein Mann die Rolle der Jungfrau. Ilse Prass behauptet, dass dies nichts damit zu tun hätte, dass sich die weibliche Jungfrau nicht bewährt hätte. Aber in der männlichen Jungfrau stecke so viel Witz und Komik, wenn sie knicksend und Kusshändchen werfend auf der Bühne steht, dass man sie nicht missen möchte.

Einige Traditionisten behaupten gar, der Sessionsstress sei für eine Frau zu anstrengend. Komisch: Karneval 1986 mußte eine männliche Jungfrau bereits am 22. Januar das Amt wegen Überforderung niederlegen. So hieß es zumindest erst offiziell. Tatsache war aber, dass Helmut Lengert als Jungfrau „Helmi" vom Festkomitee „abgewählt" worden war. In seiner „Neigung zu handgreiflichen Auseinandersetzungen" hatte „Ihre Lieblichkeit" einen Pressefotografen attackiert (Chronik Köln).

Sowohl 1989 als auch 1990 kam in den Kreisen des organisierten Karnevals die Frage auf, ob es wirklich nötig sei, dass die Jungfrau im Dreigestirn von einer „Mannjungfrau" dargestellt werde. Und Jan Brügelmann - Präsident des „Großen Senats" - stellte in der Presse bezüglich der „Tradition" einer männlichen Jungfrau die Frage: „Wo steht das eigentlich geschrieben?" Die Diskussion wurde im Keim erstickt.

Aber nicht nur Frauen werden für die Rolle der Jungfrau im Karneval abgelehnt. Das gleiche „Schicksal" erfuhr auch Ernst Kürsch, der am 14. Dezember 1995 seinen Rücktritt als Jungfrau erklärte. Man hatte dem Homosexuellen untersagt, sich mit seinem Lebensgefährten auf den Sitzungen zu zeigen. Das ließ sich Kürsch aber nicht gefallen und trat zurück. Das war allerdings in Rodenkirchen. Der nicht ganz so offizielle Karneval in den Veedeln und den Kölner Vororten sieht das ganze Traditionsgeplänkel inzwischen angeblich lockerer – zumindest was die Frauenbeteiligung betrifft. Da gibt es teilweise schon seit Jahren keinen verkleideten „Kerl", sondern eine echte Frau im Dreigestirn, und keiner regt sich auf.

Die Journalistin Susanne Brandau resümiert 1996 treffend: „Ein Männerbund, der die Frage nach der männlichen Lust am Kleider- und Rollentausch unisono mit dem Hinweis auf die »Tradition« beantwortet, kann sich weder einen echten Homosexuellen noch eine echte Frau im Dreigestirn leisten."

Wer hat die schöneren Beine?
Fritz Bolz auf dem Gipfel seiner Mariechenkarriere (oben).

Zu schön, um Mitglied zu sein: Die Tanzmariechen

„Mariechen, tanz!" Da verschluckte sich der Sitzungspräsident beinah vor Schreck, als in der Session 2000/2001 statt eines lecker Mädchens ein älterer Herr in Spitzenhöschen und Faltenrock die Bühne betrat. Bei den „Rheinmatrosen", dem Tanzkorps der Großen Mülheimer KG, hatte das Tanzmariechen einen Schnäuzer. Der 59-jährige Fritz Bolz half bis Aschermittwoch als Ersatz-Marie aus, weil die reguläre Vortänzerin mitten in der Session verletzt ausfiel.

Fritz Bolz befand sich da in guter Tradition. Seit der Gründung des Festkomitees im Jahr 1823 war der Karneval Männersache – und auch das Tanzmariechen, „dat schönste wat der Fastelovend zu bieten hat", wie die Herren Sitzungspräsidenten immer wieder gerne bemerken, war natürlich männlich. Als die Ehrengarde 1924 mit Kläre Weiglein erstmals eine Frau als Mariechen präsentierte, glich das einem Affront – und die übrigen Traditionskorps ließen unbeirrt weiter Männer in Röckchen tanzen.

Bereits 1824 ging ein berittenes Marketender-Weiber-Korps bestehend aus Männern im Kölner Maskenzug mit - als eine Persiflage auf die Marketenderinnen, die während des Dreißigjährigen Krieges die Soldaten mit Schnaps und Lebensmitteln versorgten. Zur Erinnerung daran tragen einige der Mariechen heute noch ein Fässchen am Gürtel.

„Mariechen, wo es dinge Jung?"

Die eigentliche „Erfindung" des Tanzmariechen aber ist den Roten Funken zuzuschreiben. Die KG, die neben den Blauen Funken bis heute die gleichnamigen Kölner Stadtsoldaten karikiert, belebte zum Ende des 19. Jahrhunderts ihre Sitzungen mit dem berühmten „Stippeföttchen-Tanz" und machten später den „Funkentanz mit Einlage" zur Mode.

Kläre Weiglein im Kreise ihrer Adjutanten.

Der Tanzlehrer Friedrich Gosewich, der mit den Männern Schritte und Bewegungen einübte, ließ seine kleine Tochter einige Takte vor den Funken tanzen. Diese Idee aufgreifend, setzten die Roten Funken von da an dem allgemeinen Funkentanz meist einen kleinen „Mariechentanz" voraus. Da aber nur Männer in das Korps eintreten konnten, besetzte diese Rolle auch ein Mann. Mit dem Lied, „Mariechen, Mariechen, wo es dann dinge Jung?" aus dem Jahr 1932 wurde ein neuer Mariechentanz komponiert: zum männlichen Mariechen gesellte sich als feste Komponente der Tanzoffizier.

Kläre Weiglein stellte also an der Seite von Tanzoffizier Fritz Sonnenberg (früher selbst Mariechen) das erste weibliche Mariechen dar. Zeitzeuge Emil Kuhnen berichtet 1926:

> „Da bisher die Aussichten auf einen Rosenmontagszug immer in weiter Ferne lagen, hat sich die Ehrengarde im Jahre 1924 ein weibliches, also ein »echtes«, Mariechen zugelegt und man kann sagen, daß Frl. Weiglein ihre Rolle in glanzvoller Weise verkörpert hat. Die Ehrengardisten wissen was sie tun, man kann sie nur beneiden."

Trotz Begeisterung für ein weibliches Mariechen mußte Kläre Weiglein ihre Rolle wahrscheinlich 1928 wieder an einen Mann abtreten. Erst die Nationalsozialisten ersetzten das männliche Tanzmariechen in allen Garden und Korps wie auch die Kölner Jungfrau endgültig durch eine Frau. Das erste weibliche Tanzmariechen der Roten Funken war Ada Pilgrim, das der Blauen Funken Anita Rix. Gleichzeitig führten die Präsidenten der Karnevalsveranstaltungen eine bei den Männern bis heute sehr beliebte Neuerung ein: das „Bützen" des Mariechens .

Das Mariechen – eine Fälschung?

Nach dem Zweiten Weltkrieg hatten sich die weiblichen Tanzmariechen durchgesetzt - trotz männlicher Einwände, die Rolle sei „zu anstrengend für eine Frau" und „die Witze auf den Veranstaltungen seien nicht für Frauenohren geeignet" (Prass, 1994). Mit Charme, Grazie und akrobatischem Können hatten die Frauen die Männer in den Hintergrund getanzt. Das Argument, dass eine weibliche Jungfrau ein Verstoß gegen die Tradition wäre, scheint im Falle des Tanzmariechens nicht zu gelten. Ja, es grenzt nahezu an ein Wunder, dass die Tradition des männlichen Tanzmariechens doch gebrochen werden konnte. Aber wäre ein männliches Tanzmariechen nicht viel witziger? „Beleibte Männer, die so tun, als könnten sie exerzieren und tanzen, wirken immer komisch", meint jedenfalls der FAZ-Journalist Michael Freitag. Aber hier scheint sich doch eher die erotische Komponente durchgesetzt zu haben.

Die eigentlichen Marketenderinnen aber sollen ganz anders gewesen sein, weiß der Denkmalpfleger Fritz Hilgers im „Kölner Stadt-Anzeiger" zu berichten: „Sie waren zahlreicher, kaum so gut gekleidet und über den ersten Plöck hinaus." Will sagen: über den ersten Frühling weit hinaus. (Als „eeschter Plöck" werden junge Frauen und Mädchen bis zum 30. Lebensjahr bezeichnet.) Um Mariechen zu werden, muss eine Frau heute jung, hübsch, sportlich, lebhaft und redegewandt sein. So stellt sich das Mariechen in deren Nachfolge als eine „Brauchtumsgeschichtsfälschung ersten Ranges" dar.

Eine neue Art zu tanzen

Gegen Ende der 50er Jahre änderten sich die anfangs noch recht gemütlichen und einfachen Tänze entscheidend: Aus einstmals biederen Volkstanzreigen wurde eine rasante Bühnenshow. Das Tanzmariechen der Altstädter – Gerdemie Basseng - begeisterte sich schon von früher Jugend an für den Tanz. Es gelang ihr gemeinsam mit ihrem Tanzpartner und späteren Ehemann Karl-Heinz das Korps für neue Tanzideen zu begeistern. Trainiert wurde das Tanzpaar vom ehemaligen ersten Solotänzer der Kölner Oper: Ballettmeister Peter Schnitzler und seiner Frau Hilde. Er brachte die Akrobatik in die Mariechentänze, die sich in den nächsten Jahren immer mehr bis hin zu halsbrecherisch anmutenden Figuren und Würfen steigern sollte.

Deshalb legen die Korpsgesellschaften auch eine maximale Körpergröße und ein Höchstgewicht des Mariechens fest. Barbara Wallpott von der Tanzgruppe „Hellije Knäächte und Mägde" hätte mit ihren „Einmetersiebzig" niemals in eine Korpsgesellschaft wechseln können.

„Die Wahl einer neuen Regimentstochter ist heute dem Casting beim Ballett nicht unähnlich." (Fuchs/Schwering/Zöller/Oelsner, 1997) Die langjährige Regimentstochter der Prinzengarde - Claudia Kaspari - wurde von ihrer Ballettlehrerin an den Trainer der Gesellschafts- und Korpspaare - Peter Schnitzler - vermittelt. Nach zweimaligem Training erhielt sie einen Anruf des Präsidenten der Prinzengarde. Mit sechs weiteren Frauen mußte sie dann vor einem Gremium, bestehend aus dem Vorstand der Gesellschaft und einer für das Tanzen zuständigen

Beauftragten, vortanzen. Zwar machte sie viele Fehler, dennoch wurde sie im Jahr 1989 Regimentstochter: „Wahrscheinlich aufgrund meiner Ausstrahlung."

Mariechen und Moral

Neben tänzerischem Geschick und eventuellen Beziehungen zum Vorstand sollen vor allem die Umgangsformen eines Mariechens sehr wichtig sein. Die Tänzerin sollte „aus gutem Hause" und „repräsentativ" sein. Dies bestätigte Hans Becker, Präsident der Prinzengarde, indem er auf die Frage, worauf er bei seiner Mariechenauswahl achte, sagte:

> *„Ich schaue mir genau an, wie sich ein Mädchen im Gespräch darstellt. Sie muß gesellschaftlich gewandt sein, denn sie hat mit vielen hochkarätigen Gästen und Mitgliedern zu parlieren. Noch wichtiger: Sie muß wissen, daß sie auf deren Schoß nichts zu suchen hat"* (FAZ).

Ja, die Moral im organisierten Karneval wird besonders groß geschrieben. Der damalige Präsident des Bundes Deutscher Karneval, Thomas Liessem, regte 1955 sogar an, das Mariechen „zum Schutze der Jugend" wieder durch einen Mann zu ersetzen. Liessem „lobte die Weisheit der Verantwortlichen schon früherer Jahre, die statt einer Prinzessin einen Prinzen küren und in origineller Weise die Kölner Jungfrau durch eine »Mannsperson« darstellen ließen" („Niederrheinische Zeitung"). Aus

„Das Schönste, was der Kölner Karneval zu bieten hat"

49

unbekannten Gründen konnte Liessem sich damit aber nicht durchsetzen. Man(n) begnügte sich damit, das Mindestalter für Mariechen auf 18. Lenze zu beschränken. Ausnahmen bestätigen die Regel.

Inzwischen scheint niemand mehr in Frage zu stellen, ob ein weibliches Mariechen moralisch zu vertreten sei, denn das Mariechen gilt als „das Schmuckstück jeden Korps" und „für jeden Jeck auf der Jagd nach einem Bützchen sind Tanzmariechen das höchste Ziel der Begierde". Dennoch hat sich das Image der „unbedarften Bützmarie" geändert: „Unter den Lockenperücken stecken selbstbewußte Studentinnen, EDV-Fachfrauen, Lehrerinnen, Kauffrauen oder auch mal eine junge Ärztin" (Fuchs / Schwering / Zöller / Oelsner, 1997), die viel Arbeit in ihr Hobby investieren. Die Proben und Auftritte sind zeit- und kräfteraubend. Von April bis Juli trainieren die Frauen einmal pro Woche, dann bis November zwei- bis dreimal. Während der Session absolvieren die Tänzerinnen zwischen siebzig und hundert Auftritte, an den Wochenenden oft bis zu sieben pro Abend. Deshalb ist Barbara Wallpott als berufstätige und alleinerziehende Mutter „ständig auf fremde Hilfe angewiesen". Claudia Kaspari musste ihr Lehramtstudium nach der Session gestalten und „verlor" dadurch „gut vier Semester".

Das Tanzmariechen steht im Mittelpunkt der Auftritte auf den Karnevalssitzungen, während der Tanzpartner, der die junge Frau wirft und hebt, meist im Hintergrund bleibt. Mancher Tanzoffizier scheint damit Probleme zu haben, stünde auch gerne mal im Vordergrund. Ein früherer Offizier, Ralf Rolauf, begründete seinen Missmut über diese „spezielle Rollenverteilung" in einem Zeitungsinterview damit, dass er schließlich die gleiche Arbeit und Leistung biete wie das Mariechen. Viele Korpsmitglieder entpuppten sich als „Profilneurotiker", so Kaspari. Besonders bei Fernsehaufzeichnungen. Auf der Bühne sei geschubst und gedrängelt worden, obwohl laut Choreographie das Tanzmariechen für alle Sitzungsbesucher sehr gut sichtbar ganz vorne auf der Bühne hätte stehen sollen.

Harte Sitten: Mariechen - geduldet auf Zeit

Dass es nicht immer gerecht zugeht bezüglich der Anerkennung der erbrachten Leistung, wird auch deutlich an der Tatsache, dass das Mariechen nur während seiner aktiven Zeit der traditionellen Karnevalsgesellschaft angehört. Danach scheidet die Frau aus, während der Tanzoffizier ein volles Mitglied der Gesellschaft bleibt. Sowohl Barbara

Wallpott als auch Claudia Kaspari sehen den Ausschluss der Tänzerinnen von der offiziellen Mitgliedschaft sehr negativ. Aber Wallpott hält sich nicht für „emanzipiert genug", um gegen diesen Missstand anzugehen:

> *„Ich sehe die Frauen im Karneval nicht im Sinne der Quotenregelung, denn der organisierte Karneval und hauptsächlich die Tradition der Gardegruppe ist eine Persiflage auf das Soldatentum und da gab es nun mal seinerzeit keine Frauen [...] Nur um der Emanzipation Genüge zu tun und eine Frau an die Spitze einer KG zu setzen, sehe ich persönlich keine Veranlassung; sollen die Männer doch ihr Süppchen alleine kochen."* (so Barbara Wallpott in einem Interview.)

Die ehemaligen Regimentstöchter der Prinzengarde werden nach Beendigung ihrer Tanzzeit nicht einmal mehr eingeladen, berichtet Kaspari weiter. Der Kontakt breche vollkommen ab. Erbost schreibt sie 1991 in einem offenen Brief an die Prinzengarde, der in der Vereinszeitung abgedruckt wird:

> *„Was macht ein Mariechen aus? Ist es die Präsentation auf der Bühne? Nicht nur. Der Tanz gibt dem Mariechen zwar den Namen, aber das reicht nicht aus. Disziplin, Anpassungsfähigkeit und vor allem Kameradschaft sind Voraussetzungen für eine Frau, die sich in einer fast reinen Männergesellschaft, denn das ist der Karneval bis heute, akzeptiert und respektiert fühlen will.*
> *Die Privilegien der Regimentstochter als einzige Frau unter 500 Männern sind groß. Sie werden ein Leben lang eine schöne Erinnerung sein. Aber was bleibt, wenn sie ihr Amt niederlegt oder niederlegen muß? Gemeinsame Reisen, Freundschaften und Bindungen sind Vergangenheit. Sie sind schnell vergessen, denn sie gehört nicht mehr dazu."*

Die Redaktion konnte die Kritik nicht verstehen. Obwohl der Brief „alle - nicht nur die Redaktion - beeindruckt und nachdenklich gemacht" habe, wird gleich klar gestellt, dass „Trübsal nicht im entferntesten angebracht" sei:

> *„Eine Regimentstochter ist zwar nur eine unter fünfhundert Männern, aber es ist die Eine! Nicht umsonst wird sie als einzige immer wieder hinausgehoben über die Köpfe aller anderen und schwebt über allem. Was bleibt, wenn sie ihr Amt niederlegt? Es bleibt, was vom Karneval allemal bleibt, »Spaß an dr Freud«, auch wenn der Trubel verklungen*

ist: Die Besinnung darauf, daß wir ja alle gerne ein bißchen
schweben möchten, wie uns es die Regimentstochter alias Claudia
vorgemacht hat.“

Auf die eigentliche Kritik an dem Ausschluss der Tanzmariechen wird nicht eingegangen. Die Redaktion versucht, Claudia Kaspari damit zu vertrösten, dass sie eine schöne Zeit mit der Prinzengarde hatte und das solle genügen.

Horror Herrenabend

Vielen Mariechen wird in den Gesellschaften nahe gelegt, bloß den Korpsmitgliedern keine schöne Augen zu machen. Von einem Verbot, dass die Männer das Mariechen nicht bezirzen sollten, ist dagegen nirgendwo die Rede. Diente der Karneval nicht einmal dazu, sich von allen Zwängen frei zu machen? Zurückhaltung und Anpassung gelten jedenfalls für die Tanzmariechen. So ist es vielen nach einer Zeit ein wahrer Graus aufzutreten - speziell bei den Herrensitzungen. Wo Männer sonst auf Sitzungen mit Damen relativ zurückhaltend reagierten, seien sie unter Ausschluss von Frauen im Saal „besonders zügellos“. Auch der Straßenkarneval wird von vielen Frauen „teilweise ekelhaft“ empfunden. Die Männer „betrachten eine Magd im Kostüm buchstäblich als Freiwild“ (Brandau, 1996).

Was bewegt also junge Frauen, Tanzmariechen zu werden? Claudia Kaspari sagte hierzu in einem Interview: „Für eine Kölnerin ist es das Tollste, Regimentstochter bei einem der großen Korps zu werden.“ Eigentlich wollte sie in Süddeutschland studieren. Doch dann habe sie so „starkes Heimweh nach Köln“ bekommen, dass sie, die vorher nie Karneval gefeiert hatte, ihren Rückkehrentschluss damit besiegeln wollte, Tanzmariechen zu werden.

Barbara Wallpotts Traum war es dagegen schon immer gewesen, eines Tages im Kölner Karneval zu tanzen. Bevor sie zu den „Lyskircher Junge“ wechselte, tanzte sie bei den „Escher Mädchen“. Die seit 1989 aktive Tänzerin pflegt auch private Kontakte mit den Mitgliedern der „Hellije Knäächte und Mägde“ der „Lyskircher Junge“: „Der größte Teil des Freundeskreises besteht aus Karnevalisten.“ Allerdings ist sie auch nicht die einzige Frau; die Gesellschaft besteht aus mehreren Tanzpaaren.

Mit 35 Jahren bekommt Barbara Wallpott gesagt, dass sie fortan nur noch als „Springerin" fungieren sollte und sie beschließt 2001: „Jetzt ist Schluss. Ich höre ganz auf." Fortan wolle sie sich der Leitung der Kleiderkammer des Vereins widmen. „Und wahrscheinlich werde ich die Kindergruppe übernehmen." Typisch für Frauen, die Abschied von der Bühne nehmen. „Um den Kontakt nicht zu verlieren", besinnen sie sich auf ihre Bestimmung: Pflegen, hegen, Kinder betreuen. „Weil es auch keine Positionen im Karneval gibt, die Frauen besetzen können", so Wallpott, „Die Frauen fallen sonst in ein Riesen-Loch." Der Gedanke vom endgültigen Abschied fällt der zweifachen Mutter merklich schwer. „Da wird sicher noch die eine oder andere Träne fließen."

Kasparis Abschied als Tanzmariechen 1993 dagegen sei schmerzlos gewesen, berichtet sie. Die Korpsmitglieder entsprachen nicht ihrer Altersklasse und Interessen, so dass sie privat keinen Kontakt zur Gesellschaft hatte. Während die Fußtruppe - die „niedrigste und deshalb preiswerteste" Einheit des Korps - fast ausschließlich „uninteressant" gewesen sei, sagten ihr die Reiterkorpsmitglieder eher zu: „Die hatten was im Kopf, waren sportlich und gut situiert." Nach ihrer Zeit als Regimentstochter brach der Kontakt komplett ab.

Aus der Traum

Der Traum vom Tanzen kann auch durch eine Verletzung schnell zerstört werden.

In der Karnevalssession 1988 zog sich das Tanzmariechen der Nippeser Bürgerwehr einen Bänderriss zu, so dass sie nicht mehr tanzen konnte. Daraufhin sei sie - laut „Kölner Stadt-Anzeiger" - aus der Gesellschaft hinausgeworfen worden, weil sie angeblich versuchte, sich an ihr zu bereichern. Der Grund war ein von ihrem Anwalt ausgefülltes Formular, in dem auch die Frage des Schadenersatzes angesprochen wurde. Bürgerwehr-Präsident Manfred Wolff bestritt den Rausschmiss, bestätigte aber gleichzeitig, dass dieser erfolgt, sobald ein Mariechen nicht mehr funktioniert: „Solange nicht definitiv sicher ist, dass sie nicht weiter tanzen kann, ist sie nicht geflogen. Im Moment ist sie noch Tanzmariechen. Noch ist keine Entscheidung gefallen." Ein Tanzmariechen ist also nur so lange Mitglied, wie es tanzen kann. Die Enttäuschung und Demütigung, die sie erlebte, bringt Claudia Kaspari drastisch auf den Punkt: „Die Tanzmariechen werden als Aushängeschild benutzt und danach wie ein dreckiges Taschentuch weggeworfen."

Burghard Müller als Jan von Werth mit seiner „Griet"
Monika Pott im Jahr 2000 beim alljährlichen Fastnachtsspiel am Severinstor.

Eine Schnapsidee:
die Wahrheit über Griet

Was einer Frau in Köln widerfuhr, die es in der Zeit nach dem Dreissigjährigen Krieg - also um 1648 – wagte, einem Mann einen Korb zu geben, erzählt die Geschichte von Griet. Die Magd, die hochmütig den einfachen Knecht Jan verschmäht und zur Strafe ihr Leben lang alleine bleibt, ist ein echtes Paradebeispiel dafür, wie Stammtisch-Phantasien von Männern zur Legende wurden.

Sicher half das eine oder andere Bier nach, als sich im Jahr 1838 eine Stammtischrunde in der Kneipe „Zum Postwagen" traf. Der gesellige Kreis von Beamten, Kaufleuten, Künstlern und Rentnern unter Leitung von Peter Wahlen griff in einem Anflug romantischer Gefühle zu Papier und verfasste eine Liebesgeschichte über Jan von Werth. Ein gewisser Carl Kramer, der als der beste Dichter des Kreises galt, verfasste in Kölsch das Gedicht zur Romanze. Heraus kam ein Gedicht über Jan von Werth, das seit 1955 alljährlich zu Weiberfastnacht vom „Reiterkorps Jan von Werth" an der Severinstorburg unter freiem Himmel als Schauspiel dargeboten wird: die Legende von Jan und Griet.

Tiefschürfende Dialoge

Der Lokalpatriot und Reitergeneral Jan von Werth, der die Festung Ehrenbreitstein von den Franzosen zurückeroberte und damit die Rheinschifffahrt freikämpfte, kehrt Mitte des 17. Jahrhunderts nach dem Dreißigjährigen Krieg in seine Heimatstadt Köln zurück. Als er durch das Severinstor in die Stadt einreitet, trifft er auf die Magd Griet. Als er noch als mittelloser Knecht mit ihr auf dem Kümpchenshof arbeitete, hatte diese seine Liebe mit den Worten „Ich well nen deftigen Halfen hann, met Ös un Köh un Päd" verschmäht. Jetzt, da Jan als Held triumphierend zurückkehrt, bereut Griet natürlich, und es kommt zu dem tiefschürfendem Dialog:

> *„Griet, wer et hätt' jedonn!" und „Jan, wer et hätt' jewoß!".*

Griets schlagfertiges Mundwerk brachte ihr den Ruf ein, raffgierig und eitel zu sein. Am Ende kommt es, wie es kommen musste: Sie bleibt allein und arm. Er dagegen wird berühmt, begehrt und reich. Und das Gedicht endet bezeichnend mit der Mahnung, dass Mädchen, die sich mit einem Mann nicht zufrieden geben, es eines Tages bereuen werden:

„Ehr Mädcher all, no merkt Üch dat
Un sitt mer nit zo friet;
Gar mäncher hät et leid gedon,
Dat lihrt vum Jan un Griet!"

Historisch belegen lässt sich an dieser in Köln sehr bekannnten Geschichte nur die Existenz Jan von Werths, der tatsächlich vom einfachen Knecht zum Reitergeneral aufstieg und später sogar in den Adel erhoben wurde. Auf jeden Fall aber ist die Geschichte von Griet ein hervorragendes Beispiel für das Frauenbild und die Wunschvorstellung der Romantiker dieser Zeit: Die Frau sollte ihren Platz nicht im öffentlichen Leben sondern in der Familie finden. Dort hatte sie dem Mann zu gehorchen. Persönliche Wünsche und eine eigene Meinung galten als Eigensinn und Trotz. Frauen waren keine mündigen Rechtspersonen mit persönlichen Bedürfnissen: Als Töchter oblag ihnen die Vormundschaft der Väter, nach einer Heirat die der Ehemänner. Das in weiten Teilen Deutschlands gültige Preußische Allgemeine Landrecht von 1794 gestattete dem Ehemann sogar die körperliche Züchtigung seiner Frau. Und die Moral von der Geschicht? Wählerische Mädchen, die einen Mann verschmähen, bekommen dafür die Quittung und enden als alte Jungfern. So eine Schnapsidee.

Die weibliche „Landsknechtgruppe" mit Anführerin Änne Lorelly bei
„Jan und Griet - die große rheinische Revue" von Engelbert Sassen im Kristall-Palast 1924

Starke Frau, große Klappe

Auch in Köln gab es eine Katharina die Große – und die kam aus Ossendorf. Groß war vor allem ihr Mundwerk (kölsch: Schnüss), weshalb man die „Trine" (kölsch: Tring) auch „Schnüsse Tring" nannte. Sie soll die Tochter des Bauern des ehemaligen Ossendorfer Gutshofes „Om Wissel" gewesen sein und ziemlich kess. In einem Einstellungsgespräch wehrt sie sich vehement gegen die Ausbeutung durch ihre Herrschaft und pochte auf persönliche Rechte, die für die damalige Zeit revolutionär waren: Sie forderte, lange bevor Gewerkschaften und Frauenrechtlerinnen dies formulierten, einen freien Tag pro Woche und „fuffzig Daler" Jahresgehalt. Unerhört!

Katharina soll im 19. Jahrhundert gelebt haben und die Köchin im Haus von Anna Katharina van Hees gewesen sein, deren Bruder der Dichter Joseph Roesberg war, schreiben die Vereinsmitglieder Heinz Thiebes und Hubert Rodenbücher in der Broschüre der Alten Kölner KG „Schnüsse Tring." Der Wirt der Gaststätte „Zum Hahnen" in der Minoritenstraße komponierte Mitte des 19. Jahrhunderts Karnevalslieder, in denen er sich auf kölsches Milieu bezog und gleichzeitig Zeitkritik vermittelte. Seine „Volksmelodien" lösten die mehr oder weniger geistreichen und pathetischen „Bellentöne" ab und karikierten auf humorvolle Art die bestehenden sozialen Verhältnisse.

Und so schrieb Roesberg, nach dem in Ossendorf ein Platz benannt ist, auch ein Lied über die Bedienstete seiner Schwester, das am 30. Januar 1859 Welturaufführung auf einer Sitzung der „Großen von 1823" feierte: „Et Schnüsse Tring – oder eine moderne Dienst-

Da steht sie nun und wartet darauf, von ihren Pflichten als Magd erlöst zu werden: Schnüsse-Tring-Brunnen auf dem Roesberg-Platz in Ossendorf.

magd". So wurde die Magd berühmt. Und 1901 wurde sogar eine Karnevalsgesellschaft nach ihr benannt: Die Alte Kölner KG Schnüsse Tring.

Das Aushängeschild der Gesellschaft ist die beliebte Tanzgruppe der KG – obwohl sie längst noch nicht die 100 voll hat. Und auch bei dieser Gründung war Schnüsse Tring das Vorbild: Katharina von Ossendorf war mit 21 Jahren schon ausgebildete Köchin und Haushälterin gewesen, ein so genanntes „Kammerkätzchen". Und so heißt die Tanzgruppe „Kammerkätzchen und Kammerdiener". 1954 hatte die Tanzgruppe „Premiere" in Ossendorf. Ort des Geschehens war die Gaststätte „En d'r Lier", und Sophie Schink tanzte als „Schnüsse Tring". Der „Kathrinchen-Tanz" und die berühmte Dienstmädchen-Kluft erinnern bis heute an die Namensgeberin der Gesellschaft.

Jeweils am letzten Sonntag im Mai kommt die Ossendorfer Dienstmagd posthum zu besonderen Ehren. Rund um den „Schnüsse-Tring"-Brunnen vor der Dreifaltigkeitskirche am Rochuspark veranstaltet die Karnevalsgesellschaft ihr Familienfest. Sogar die Frohnhofstraße wird gesperrt. Man muss die Feste eben feiern wie sie fallen.

War doch nur Spaß

Gab es Schnüsse Tring wirklich? Oder ist sie auch nicht mehr als nur eine Männerphantasie? Ungehorsam und Sozialkritik konnte sich zu dieser Zeit nicht jede Frau leisten. Aber die Geschichte um Schnüsse Tring ist schließlich nicht mehr als ein harmloses Karnevalslied. Eine reale Schnüsse Tring hätte man in diese Zeit wahrscheinlich nicht mal bis zum Ende der ersten Strophe ausreden lassen, doch als Lied gesungen war diese Zeitkritik möglich. War ja nur Spaß. Oder? Und vielleicht beruht das Lied von „Schnüsse Tring" ja doch auf einer wahren Begebenheit. So wahr, wie etwas in Köln eben sein kann...

Ob Legende oder nicht: Roesbergs Lied gab auf jeden Fall einen Denkanstoß für die Schaffung klarer Regelungen bei der Beschäftigung von Dienstpersonal. Mit großem Weitblick verlieh er durch Schnüsse Tring Forderungen Ausdruck, die seiner Zeit weit voraus waren, inzwischen aber Bestandteile aller Tarifverträge sind. Diese „moderne Dienstmagd" spiegelt nicht nur die allgemeinen Forderungen der Frauen und Männer der gescheiterten 1848er Revolution wider, sondern auch die ersten Emanzipationsversuche der Frauen seit dieser Zeit:

„Schnüsse Tring dun ich mich schrieve,
ben vun Ossendörp zo Huhs,
weil ming Möhn su vill däht kieve,
leef ich an dem Dörp erus.
Drei Johr deenten ich zo Köllen,
hatt' derwiel nor drückzehn Stellen,
seht wie ich mich do bedroog:
„Treu und fließig" steiht em Booch.

Deckblatt der Liederniederschrift

Eesch, Madam, muß ich üch froge:
Sin och noch klein Kinder do?
Mich met Windlewäsche ploge,
geiht doch minger Ehr zo noh.
Och wööd et mich sehr verdreeße,
däht ehr Wing un Fleisch verschleeße,
un mer alles fing und klor
noh wollt rechnen op en Hoor.

„Ääver, Tring, ehr künnt doch koche,
wasche, putze, sicherlich?"
Och, Madam, doch en der Woche
wönsch ich einen Dag för mich!
Och müßt ehr mer nit verwehre,
weil ich Uemmes enviteere,
ich dat Fremdenzimmer dann
nommedags benotze kann.

Un, Madam, de Stroß ze kehre,
es dann doch kein Schrecklichkeit;
och vexeeren und de Hare,
wa mer an der Pumpe steiht.
Seht, Madam, dat Wasserholle
un dat G'ress un och de Kolle
för e Mädche geiht nit an,
mutt doför 'nen Huusknäch han.

Och wööd et mich sehr dun freue,
köhm de Putzfrau he un do.
Soll madam de Usgab scheue,
legen ich noch jet derzo.
Och dörft ehr dä Schatz nit schänge,

deiht hä sunndagsovends bränge
mich wal ens jet spät noh Huus;
seht, dat halden ich meer uus.

Alle veezehn Dage
muß ich sonndags minge
Uusgang han, un dä andre
Sonntag-Meddag
för Kumpliet un Prädig dann.
Och dörft ehr üch nit beklage,
wann an Feß- und Kirmesdage,
oder söns, wann't Spill zo Huus,
ich en Woch ens bliev dann uus.

För e Johr, dat ich mich ploge,
mein ich, steiht et meer doch aan,
fuffzig Taler Luhn ze froge
un e Kleid för Hell'ge Mann.
Un - - „Do häs jo noch vergesse,
wat's do jeden Dag wells fresse.
Zor Bedeenung, Boore-Tring,
holl' ich deer en Waats-Beging."
(nach Mies, 1964)

Sonst noch was?

Das ist wirklich allerhand: Schnüsse Tring fordert nicht nur uneingeschränkten Zugang zu seinerzeit teuren und vor allem den feineren Kreisen vorbehaltenen Lebens- und Genußmitteln wie Wein und Fleisch, sondern beansprucht einen freien Tag in der Woche. Ihre Lohnforderung ist ein in den Augen der Wirtin überspanntes, ja unverschämtes Begehren. Die Geduld der Hausfrau ist am Ende, ihr höfliches „Ehr" wird zum schlichten „Do" und am Ende fällt sie mit nicht zu überhörender Ironie Schnüsse Tring ins Wort. Nach dem Motto „Sonst noch was?" hält sie Tring vor, sie habe noch vergessen ihr aufzutragen, was sie jeden Tag essen wolle. Und als Bedienung bekomme sie, was man heute als Krankenpflegerin bezeichnen würde: eine Warteschwester, eine „Waats-Beging".

Wie gut, dass es noch so etwas wie ausgleichende Gerechtigkeit gibt.

Ebenso wie Griet muss „Schnüsse Tring" ihre Aufsässigkeit zu guter letzt büßen: Griet bekommt keinen Mann ab und endete vermutlich als alte Jungfer, „Schnüsse Tring" kriegt keine Anstellung. Das haben sie davon, die Weiber.

Aus Spaß wird Ernst: Der Bayenaufstand

Knapp 50 Jahre später sollte nicht nur eine, sondern gleich eine ganze Heerschar von Frauen laut aufbegehren – und zwar nicht nur in Liedform, sondern ganz real: Fabrikarbeiterinnen der Kölnischen Baumwollspinnerei organisierten 1896 den ersten Kölner Streik, um sich gegen die ausbeuterischen Arbeitsverhältnisse und niedrigen Löhne zur Wehr zu setzen. Selbst wenn ganze Familien in der Spinnerei im Akkord arbeiteten, reichte der Verdienst kaum zum Leben (Nottelmann,1994). Aus dem couragierten Auftritt der „Bayenamazonen" entstand 1897 ein Karnevalslied – was sonst? -, das von einer gewissen „Eva Vogelsang" handelt, das „Bayen-Pangsions-Streik-Lied":

„Ich heischen Evche Vuggelsang und ben op der Bayefabrik, mer feeren
las jitz aach Daach lang, weil mer me'm Direkter han Strick.
De Arbeit ham'mer enjestallt, do dunn mer nix nieh draan,
mer woodte vill zu schläch bezahlt, dröm fange mer och nit mieh aan!

Refrain:
Hoppela, hoppela, hoppela hopp, jetz gitt ens aach un paßt ens op:

Och endoch, wat meint ehr dann, merd dähte jet dröm jevve?
Wa'mer och kein Arbeit han, dann ha'mer doch zo levve:
Un et mäht uns jar kein Sorg. Es kei Jeld do, weed geborg;
Un su lang mehr dat noch kann, fängk keiner aan!

Nit mer allein, die Mannstück och, die woren es endlich möd;
Se sähten all: „Mer han genog, mer arbeide jetz nit mieh met!"
Der Fuss, der Schääl, de Nas, der Gries, der Neres und der Hein!
Et Sting, et Nett, et Klör, et Nies, se reefe wie doll durchenein:

Refrain...

En Sölz ha'mer de vü'ge Woch en ähnze Versammlung gehatt.
Un inne do, dat freut mich noch, ens kräftig de Wohrheit gesaht;
Zum Üvverfloß no mohte mer noch an et Gewerbegereech;

Uns ganze Klick gin mer doher und reef inne frech en't Geseech:
Refrain:....

Wat ha'mer Spaß, wat ha'mer Freud; sun Stricke, die lovven ich mer.
Mer kennt kein Sorg, mer kennt kei Leid,
vun morgens bes ovends Pläseer.
Ich gon mit mingem Chrestian voll ahn die fresche Looch,
Dann röf mer he un do ens ahn un juhze, wa'mer es genog.

Refrain:....

Hä waht jetzt op mich zu Huus, dröm maache,
leev Lück, ich en Engk;
Dann gon ich ohne in eruus, dann weed hä weld, wödig un schängk!
Doch mag et kumme wie et kütt, ich han mich amüseet.
Un ov hä Schnüsse mäht ov nit, ich singen im löstig uns Leed:

Refrain:....
(nach Klersch, 1961)

Wenn man das so liest, muss es ja eine richtig lustige Angelegenheit gewesen sein, im 19. Jahrhundert zu streiken.

Doch auch dieses vermeintliche Frauen-Lied stellt die Sichtweise eines Mannes dar. Karl August Gipprich (1876 - 1936) dichtete es im Alter von 21 Jahren. Der Karnevalist, der außerdem in der „Caecilia Wolkenburg" sehr aktiv war, lässt „Eva Vogelsang" den Streik als ausgesprochenes Vergnügen erleben - Arbeitskampf als eine Art Dauerfete. Und natürlich geht Evche Vuggelsang am Ende des Liedes dahin, wo eine Frau hingehört: Nach Hause, wo ihr Mann auf sie wartet. Auch wenn er schimpft, dass sie ohne ihn aus dem Haus gegangen ist. Hauptsache, sie hat sich „amüsiert".

Was Gipprich offenbar so sehr belustigte, bedeutete jedoch in der Realität für viele Kölner Frauen das soziale und wirtschaftliche Aus: Der Versuch der Arbeiterinnen und Arbeiter, sich mit der Firmenleitung gütlich zu einigen, schlugen fehl. Am 8. September 1896 traten zunächst 130, später 250 Arbeiterinnen und Arbeiter in den damals noch illegalen Streik. Die meisten von ihnen waren Frauen. Und von wegen „ist kein Geld da, wird welches geborgt": Viele verloren nicht nur ihr Einkommen, sondern erhielten auch die sofortige Kündigung für ihre

Werkswohnung – und standen auf der Straße.

Am 2. Oktober 1896 kam es zur Verhandlung vor dem Gewerbegericht im Muschelsaal des Rathauses. Wieder scheiterten die Verhandlungen. Immer mehr der Streikenden resignierten angesichts der drohenden Armut. Am 13. Oktober gaben auch die letzten Spinnerinnen auf. Keiner der Streikenden durfte an seinen Arbeitsplatz zurückkehren. Die Baumwollspinnerei wurde nach dem Ersten Weltkrieg geschlossen. Für die Arbeiterinnen und Arbeiter brachen mit der Weimarer Republik bessere Zeiten an: eine verkürzte Arbeitszeit und ein in der Verfassung verbrieftes Streikrecht. Für viele Frauen indes setzte sich ihr Kampf fort. In vielen Bereichen werden Frauen bis heute schlechter bezahlt als Männer.

Arbeiterinnen, um 1905

Bärbelchen - Superwoman

„Janz Kölle es e Poppespill" – so lautet das Motto des Kölner Rosenmontagszuges 2002. Anlass ist das 200-jährige Bestehen des von Christoph Winters gegründeten Kölner Hänneschentheaters. Und genau wie bereits 1823 und in den Jahren danach ziehen die Pöppcher des Hänneschens im Zoch mit.

Op der Britz, wie der Kölner die Bretter, die die Welt bedeuten, nennt, da spiegelt das Theater die berühmt-berüchtigte kölsche Mentalität wider und parodiert Kölner Ereignisse. Und da darf natürlich der Karneval nicht fehlen: Seit 1920 führt das Hänneschen auch eine Karnevalssitzung auf, die seit 1952 zu einer regelrechten Kölner Institution geworden ist. Kennzeichen der Hänneschen-Sitzung sind die meist satirisch gewürzten Bezüge zu den Karnevalssitzungen der „Professionellen". Hier treten dann auch Puppen der Originalstars des Karnevals auf: Von den Roten Funken über die Bläck Fööss bis hin zu Trude Herr und Marie-Luise Nikuta.

Der weibliche Star der Hänneschenstücke ist das Bärbelchen. Ihr Name geht auf die heilige Barbara zurück, die in Köln am 4. Dezember besonders von den Kindern gefeiert wird. Sie gilt nicht nur als Schutzpatronin der Harnischmacher, Dachdecker und Bergleute sondern vor allem des Wehrstandes und somit der Kölner Stadtsoldaten, der Funken.

Die Gestalt des Bärbelchens erinnert mit dem roten Rock, der weißen Schürze und Bluse mit kleinen Abweichungen an die „Hellije Mägde", die ebenfalls seit 1823 im Rosenmontagszug mitgehen. Für manchen Jeck fungiert die Figur des Bärbelchens auch als Vorbild fürs Karnevalskostüm. Die blonden Zöpfe haben eine wichtige praktische Bedeutung: Die fliegenden Zöpfe unterstreichen Bärbelchens „Ständig-in-Bewegung-Sein", meint Max-Leo Schwering, der die Geschichte des Theaters erforschte. Je nach Vorstellung, Kinder- oder Erwachsenenvorführung, verkörpert es entweder ein Mädchen oder eine junge Frau. Die männliche Hauptperson, das Hänneschen, das ihr optisch durch ähnliche Kleidung gleicht, nimmt entweder die Rolle des Bruders oder die des „ewigen Verlobten" ein. Und die Zwei ergänzen sich dann hervorragend: Wenn Hänneschen sorglos drauflosstürmt, greift Bärbelchen als eine Art Schutzengel ein und mahnt zur Vorsicht oder drängt zur Mäßigung. Doch verkörpert es keineswegs Tugend und Gehorsam, Eigenschaften, die von Griet und Schnüsse Tring erwartet werden, sondern eher vorsichtig und och jet keß, selbstbewußt, emanzipiert und klug setzt sich Bärbelchen in Szene. Sie besitzt ein vorlautes, witzig-sarkastisches, durchaus kesses Mundwerk und benutzt das Wort als Waffe. Trotz „fraulicher Fürsorge und Bedachtsamkeit", so Schwering, ist es dem Hänneschen absolut gleichgestellt, da Hänneschen zwar als eigentlicher Held gilt, doch Bärbelchen immer als „Retter" eingreift. Sozusagen also eine Art „Superwoman".

Im Bärbelchen vermischen sich das Frauenbild und die Bestrebungen der Frauen des 19. Jahrhunderts: Sie ist ein „kesses Weib" mit eigener Meinung. Aber zumindest bewahrt sie einen Teil der traditionellen Rollen: Bärbelchen tritt nicht für persönliche Rechte ein oder erklärt sich gar selbst zum Helden, sondern es ist ein tugendhaftes, fürsorgliches „Frauenzimmer", dessen Ratschläge dem eigentlichen Helden, dem Hänneschen, helfen.

Die Tanzgruppe Kölsch Hänneschen in Aktion - und ihre historischen Vorbilder Bärbelchen und Hänneschen.

„Kölsch-Emma"
oder der weibliche Funke

In der Ausstellung „175 Jahre Festkomitee des Kölner Karnevals" im Kölnischen Stadtmuseum tauchte ein kölsches Original ganz anderer Art auf: die „Kölsch-Emma" alias Emma Born. Sie „eröffnete" in den 50er bis 80er Jahren den Straßenkarneval, indem sie als eine Art Persiflage auf die smart-grazilen Funkenmariechen in deren Kostüm auf dem Alter Markt tanzte: Man stelle sich eine korpulente, nicht mehr ganz junge Frau im kurzen Rock, weißer Lockenperücke und Dreiecksmütze vor, die vor der feiernden Menge die Beine schwingt!

Paul Junker und Dieter Lorenz haben versucht, das Leben und Wirken der am 22. Mai 1917 in Köln-Bayenthal Geborenen zu erforschen. Die Karnevalsliteratur erwähnt Emma nicht, da sie weder zum offiziellen Karneval gehörte, noch als „Star" galt. Vielleicht ja auch, weil sie das heiligste rheinische Fest kritisierte?

„Kölsch-Emma" alias Emma Born in einer ihrer Lieblingsrollen zu Karneval auf dem Alter Markt.

Wolfgang Oelsner weiß über sie zu berichten: „Sie taucht auf vielen Fotos auf, sie war stadtbekannt. Man beließ sie in namentlicher Anonymität, weil man sie auch schützen, nicht vorführen wollte. Die gute Emma war eher psychisch krank – [...] Man ließ sie zum Beispiel auf dem Alter Markt an der Seite des Altstädter Mariechens ganz offen gewähren. Es war weniger gezielte Kritik als Selbstinszenierung."

So kurios wie ihr Auftritt, so unkonventionell war auch ihr Leben: Die Katholikin war viermal verheiratet, womit sie die gesellschaftliche Norm brach. Als Wohnsitz gab sie unter anderem Bayenthal, Brück, Deutz, Brauweiler, Forst-Mehren, Merkenich, Mülheim, Bickendorf, Ehrenfeld und das Vringsveedel an. Auch wechselte sie häufig ihren Beruf: So arbeitete sie unter anderem als Briefträgerin, Hundezüchterin, Hundedresseuse, Geschäftsfrau und Wirtin. In den 50er bis 70er Jahren verdiente sie sich ihren Lebensunterhalt als Zeitungsverkäuferin. Ihre letzten Lebensjahre verbrachte sie im Altenpflegeheim, wo sie am 6. Dezember 1996 verstarb. Beerdigt wurde sie auf dem Südfriedhof in Köln-Zollstock.

Dieter Lorenz schreibt über sie:

> *„En Kölle vör Johre op dä Scheldergaß*
> *soß et Kölsch Emma un hat Freud un Spaß,*
> *wenn et met Aki un met dä Schnüß,*
> *dät verkaufe manche Zeitungsstüß.*
> *Hückzodach han all de Äujelskeß,*
> *bruche keine mie met dä jroße kölsche*
> *Zeidungsschnüß!"*

So setzt er dieser außergewöhnlichen, aber leider kaum „erforschten" Frau ein kleines Andenken.

„Ein kolossales Stück Natur"
- Grete Fluss

Als am 25. Juli 1964 Grete Fluss starb, da verlor nicht nur Köln eine
seiner populärsten Humoristinnen. Die Kondolenzschreiben lesen sich
wie das „Who is Who" der 60er Jahre: Zarah Leander, Evelyn Künneke,
Heinz Erhardt, Magda Schneider, Konrad Adenauer und weitere Poli-
tiker aus den Parteien CDU und SPD.

Grete Fluss galt nicht nur als „gefeierte Königin der Kölner Unterhal-
tungsszene", sondern sie trat auch „als Exportartikel für besten rheinischen Humor" auf allen großen Varietébühnen des deutschsprachigen
Raumes auf: der Berliner „Scala", der „Plaza" und des „Wintergartens".
Auch auf Bühnen in Frankfurt, München, Hamburg und Stuttgart war
sie mehr als einmal Gast. Eine Münchener Zeitung schreibt - wenn auch
nicht sehr schmeichelhaft formuliert - über Fluss: „Ein kolossales Stück
Natur, ein weiblicher Naturbursch, eine Athletin, die Chansons
stemmt". In Berlin galt sie als ein „wirklich achtungsgebietendes schwe-
res Geschütz des Frohsinns [...] mit berechtigtem Stolz und mit ver-
blüffendem Mut zur Selbstironie". Selbst aus Düsseldorf kam positives
Echo: „Ansteckend in ihrer Lustigkeit, niemals auf den Mund gefallen,
immer frisch, fröhlich vorneweg, ein wahres Kind des lebenslustigen
gemütvollen Rheinlandes."

Bekannt wurde die am 6. Januar 1892 Geborene durch die Kölner
Karnevalsrevue. Diese trat ab 1913 neben das Divertissementchen und
richtete sich an größere Volkskreise. Das Divertissementchen war und
ist ein Theaterstück mit Balletteinlage, das auch heute noch in der
Karnevalszeit von der Bühnengemeinschaft „Cäcilia Wolkenburg" auf-
geführt wird. Das Komische dabei ist, dass alle Frauenrollen von Män-
nern gespielt werden. In der Karnevalsrevue traten von Anfang an auch
Frauen auf. Sie wurde nach Berliner Muster im Metropoltheater an der
Apostelstraße ins Leben gerufen. Später zog sie in den Kaiserhof in der
Salomonsgasse, wo sie von Silvester bis Aschermittwoch stattfand.

Eigentlich wollte Grete Fluss Opernsängerin werden, aber ihren Eltern
fehlte das Geld zur Ausbildung. Sie wuchs als neuntes von insgesamt
vierzehn Kindern in der urkölschen Straße „Unter Krahnenbäumen"
auf, in dem „die einfachsten Verhältnisse" (Schmidt, 1992) herrschten.
Dort besaß die Mutter einen kleinen Kramladen. Ihr Vater war Polste-

rer und handelte nebenbei mit Kohlen. Um alle hungrigen Mäuler zu stopfen, spielte er am Wochenende in Kirmeszelten und Tanzsälen Geige und Klavier.

„Et Flusse Griet"

Grete Fluss erbte das musikalische Talent ihres Vaters. Bei ihrem ersten Auftritt im Kölner Karneval sang sie 1906 als 14-jährige auf einer Sitzung der KG Greesberger - mit einschlagendem Erfolg: Schon ein Jahr später wurde sie zusammen mit Schwester Julchen und Bruder Toni vom Kapellmeister „Papa (Heinrich) Körfgen" in den „Colosseum"-Biertunnel an der Schildergasse engagiert. Hier sang sie auch ihr erstes kölsches Lied: „Ech ben et Flusse, Flusse Griet...". In den folgenden zwei Jahren trat sie unter Körfgens Leitung unter anderem in Essen, Düsseldorf, Koblenz, Trier und Saarbrücken auf. Zwischendurch gaben Grete, Julchen und Toni aber auch immer wieder an Sonntagen „Tagesgastspiele" auf Jahrmärkten und Schützenfesten der Dörfer und kleinen Städte.

Seit 1910 verkörperte Grete Fluss verschiedene Typen, zu denen Hubert Eberle die Texte verfasste, so zum Beispiel „Das Schutzweib" und „Die Straßenbahnschaffnerin". Als „besondere Nummer" (Fluss, 1956) trat sie damals als einzige Frau neben den Opernsängerinnen bei den großen Karnevalsgesellschaften auf.

Eine weitere „Feuertaufe" erlebte Grete Fluss 1915, als sie als erste Frau im Fronttheater in St. Quentin vor Truppen für Abwechslung sorgte.

1919 spielte sie in der Premiere der Karnevalsrevue mit dem Titel „Jan und Griet" die weibliche Hauptrolle. Noch Jahrzehnte später erinnerte sich Grete Fluss an dieses Erlebnis: „Es war ein so großer Erfolg, daß das 1500 Zuschauer fassende Theater drei Monate lang ausverkauft gewesen war" (Schmidt, 1992). Die Revuen wurden immer beliebter. Das Publikum wollte sich nicht mehr nur zur Karnevalszeit so köstlich amüsieren. Schließlich wurden Herbstrevuen eingestreut, die ebenso volle Häuser erzielten. Und mit wenigen Ausnahmen war Fluss alljährlich mit von der Partie.

Die Karnevalsrevuen erhielten hervorragende Resonanz; sie wurden zur Institution, „in denen Grete Fluss unangefochten die Starrolle spielte" („Kölner Stadt-Anzeiger"). Aber sie führte nicht nur die vorher eingeübten Rollen auf, sondern überraschte immer wieder mit improvisierten Kurzeinlagen. Gérard Schmidt bezeichnete Fluss als Multitalent, das tanzen, singen und aus dem Stegreif sprechen und schauspielern konnte. Sie wurde zum Sitzungsstar und da ihre Vorträge so gut beim Publikum ankamen, ging sie mit ihren Nummern als „Schulmädchen", „Seebär" und „Finsterputzer" auf Tournee und machte Karriere im gesamten deutschen Sprachgebiet.

Mutter Colonia

Aber trotz des großen Erfolgs in anderen Städten kehrte sie zur Fastelovendszick mit den Worten „Enä, dann halden mich kein zehn Päd vun Kölle fott..." immer in ihre Geburtsstadt zurück. Ihre Erfolge verdankte „et Flusse Jriet" fast ausschließlich den Live-Auftritten. Unzählige Angebote von Film, Funk, Fernsehen und Schallplattenfirmen lehnte sie ab, da sie stets den direkten Kontakt zum Publikum suchte, das nicht nur passiv unterhalten werden, sondern mitmachen sollte. Fluss sah in ihren Vorträgen ein gegenseitiges Sich-in-Stimmung-Bringen, ein Gemeinschaftserlebnis, welches das Publikum mit großer Begeisterung kommentierte, schreibt Schmidt. Besonderes Aufsehen erregte ihr Auftritt 1949 im ersten Rosenmontagszug nach dem Zweiten Weltkrieg, als sie als „Mutter Colonia" auf einem eigenen Wagen mitfuhr.

Viele berühmte Kölner Lieder- und Textautoren halfen ihr bei der Gestaltung ihrer Vorträge. Willy Ostermann komponierte für sie 1930 die Revue „Die Karnevalsprinzessin" und schuf dabei so unvergessene Schlager wie „Och wat wor dat fröher schön doch en Colonia" und „Denn einmal nur im Jahr ist Karneval".

Auch wenn viele Karnevalsrevuen so „verdötschte" Titel trugen wie „Träck im e paar", „Su oder su" oder „Stell dich jeck", steckte doch in deren Inhalt oft heitere oder ironische Kritik. So wurden etwa unter dem Titel „Us der Besatzungszick" nach dem Ersten Weltkrieg die abgezogenen Engländer durch den Kakao gezogen.

Mit großer Beliebtheit schlüpfte „die populärste Rheinländerin" auch in Männerrollen („Seebär", „Dienstmann") und nahm dann auch schon mal das starke Geschlecht aufs Korn („Finsterputzer"): „Ihr wellt mir der Fensterputzer nit gläuve un meint dat künnt ich nit - traut ihr et mir dann jetzt mit dem Schnäuzer iher zo?" Und auch der traditionelle Karneval musste dran glauben: Im Stück „Heidewitzka" 1954 trat Fluss als Bauer auf und brachte sogar eine weibliche Jungfrau - oder war es doch eher eine Prinzessin? - auf die Bühne. Doch als Ehefrau des Besitzers der Künstleragentur Ludwig H. Westkamp und als Entertainerin in den Revuen, die nicht vom Festkomitee veranstaltet wurden, war sie auch nicht von der Gunst der Karnevalsgesellschaften abhängig. Sie hatte sozusagen Narrenfreiheit. Trotzdem trat sie auch bei offiziellen Veranstaltungen wie der „Dienstagball Gesellschaft" auf und am 11.11. sah man sie auch bei der Eröffnung des Karnevals.

Übrigens: Ihr Ehemann Westkamp holte später auch Trude Herr an die Seite seiner Frau, die später häufig mit Grete Fluss verglichen wurde, nicht nur von ihrer Art her, sondern auch aufgrund ihres Äußeren.

„Keifen und Bützen"

Die Besucherin einer Revue von Grete Fluss beschreibt sie in der „Frankfurter Allgemeinen Zeitung" wie folgt:

„Grete Fluß ist also dick, hat Augenschlitze über einer Knollennase und straff zurückgebürstetes Haar, dunkelgefärbt, sie ist fünfundsechzig. Sie hat eine männliche Kommandostimme und männliche Bewegungen - aber einen durchaus weiblichen Busen. Sie klopft darauf mit beiden Fäusten und sagt in einer Art grimmiger Liebenswürdigkeit zu einem der Herren des Publikums: »Hier kanste deine Ferien verleben!«"

Weiter schreibt sie, dass nicht der Inhalt des Gesagten die Essenz des Vortrages ausmachte, sondern der Tonfall und die Sprache machten den Effekt. Sie sei keine Individualität, sondern „das vom Beifall ihrer Stadt hochgetragene Marktweib, rauhe Schale und darunter das kölsche Hätz, keifen und bützen mit einem Munde und von einem Augenblick zum anderen". So verkörpere sie die typische Kölner Humoristin, die - und jetzt wird es richtig hart - „natürlich [...] ordinär" wäre, „oft ohne Charme" - spätestens wenn sie den Mund aufmache. Aber sie habe „eine verteufelte Begabung, sich daraus nichts zu machen und dafür auf komische Wirkung auszugehen". Na dann, Prost!

An ihrem fünfzigsten Bühnenjubiläum 1957 nahm Grete Fluss ihren Abschied von der Revue-Bühne. Ihre Nachfolgerin wurde – auch wenn sie sich selber nicht so sehen mochte - Trude Herr. Zu diesem Ereignis erschien auch das Büchlein „50 Jahre Grete Fluss".

Das anstrengende Bühnenleben hatte sie völlig verausgabt. Die Kölner

Humoristin und Wohltäterin - in jeder freien Minute strickte sie für bedürftige Kinder - starb bereits im Alter von 72 Jahren in ihrem Domizil in Unkel.

Besonders traurig: Trotz ihrer Prominenz weit über die Grenzen Kölns hinaus erinnert bis heute in der Stadt weder eine Straße, ein Platz oder sonst etwas an Grete Fluss. Und auch die „Chronik Köln" erwähnt Fluss nicht. Aber wenn man das Ostermann-Denkmal einmal etwas genauer betrachtet, dann kann man erkennen, dass Fluss für „Schmitze Billa" Model gestanden hat.

Und der Name Fluss lebt auch in der Kölner Unterhaltungswelt weiter: Gretes Nichte Uschi Werner-Fluss hat es als Liedermacherin ebenfalls zur Revue hingezogen.

„Verkörperter Kölner Karneval": Grete Fluss in einer ihrer Revuen.

Trude Herr wie sie nur wenige kannten:
bei der Arbeit im Büro und mit nachdenklichem Blick.

Ein nach innen
weinender Clown: Trude Herr

Das Schild über der Eingangstür macht stutzig. In der Straße „Im Ferkulum", Hausnummer 9, ein paar Meter vom Severinstor entfernt, befindet sich der „Herr-liche Treff". Das Klingelschild gibt nähere Auskunft: „Trude Herr Fanclub e.V.". Hier erinnern Hilde Schmitz und Hannelore Seitz mit einer Handvoll Leute an ihr Idol. Zu Playback-Musik schlüpft Hilde Schmitz in Kostüme à la Herr und beleuchtet die verschiedenen Facetten der Kölnerin. „Man kann Trude nicht nach-machen, man kann nur an sie erinnern." Trude Herr - eine Frau, die eher tragisch als komisch war und sich deshalb stets missverstanden fühlte.

Ich sage wat ich meine

Mit dem Namen Trude Herr verbinden viele eine etwas zu pummelig geratene Frau, die entweder mit kölscher Schnüss Heinz Erhardt das Autofahren beibringen will oder im Radio laut schmettert „Ich will keine Schokolade". Aber da gab es auch noch eine, die „Ich sage wat ich meine" sang und die gerade deshalb häufig aneckte. Da machte sie auch nicht vor dem „heiligen" Kölner Traditionskarneval Halt: 1958 durfte Herr ihre Büttenrede „Die Karnevalspräsidentengattin" nicht halten, griff sie doch das traditionelle Rollenverständnis dieser Frauen und damit auch der Männer an. Die Zensur ließ diese Provokation nicht zu, denn die Karnevalisten befürchteten, Trude Herr könne sie als „humor-los und eitel darstellen und dabei viele Beobachtungen ausplaudern [...], die sie im Laufe der Jahre gemacht hatte und die so gar nicht zu der Selbstdarstellung paßten, die manche Offizielle boten", wie Gérard Schmidt schreibt. Als man ihr zu verstehen gab, dass das Halten dieser Rede ihr Ende in der Bütt sein werde, ließ sie sich nicht auf einen Kom-promiß ein, sondern brach mit dem Gesellschaftskarneval. Dabei hatte Herr erst vier Jahre vorher ihr Debüt in der Bütt gefeiert - und auch das nicht ohne Schwierigkeiten. Doch sie war es gewohnt, Probleme zu überwinden, ganz gleich ob es die schwierige Kindheit war oder ihre ersten Versuche, als Schauspielerin Fuß zu fassen - in den Schoß ist ihr nichts gefallen.

Das Nesthäkchen

Trude Herr wurde am 4. Mai 1927 als Tochter eines Lokomotivführers der Chemischen Fabrik Kalk und einer Eifeler Bauerntochter in Köln geboren. Sie wuchs als jüngste Tochter mit einem Bruder und einer Schwester in einem rechtsrheinischen Kölner Viertel auf, das damals die „Insel" genannt wurde: eine kleine Ansammlung von circa hundert Häusern zwischen den Industrievororten Kalk, Deutz und Mülheim. Diese Orte waren in den Zwanziger Jahren das, was heute als sozialer Brennpunkt bezeichnet wird. Die „Insel" stellte dazwischen eine kleine unabhängige Siedlung dar, die aus dem „Blickwinkel der Kinder [...] fast etwas Paradiesisches hatte" (Schmidt). Dennoch war Trude Herrs Kindheit nicht ganz so „paradiesisch": Sie wurde durch die Wirtschaftskrise, das Dritte Reich und den Krieg geprägt. Die ganze Familie bekannte sich zum Kommunismus, und der Vater verbrachte die gesamte nationalsozialistische Zeit in Haft. Mutter Agathe Herr musste die Kinder alleine durchbringen.

Trotzdem bewahrte sich die Familie ihre Aufgeschlossenheit in Denken und Handeln. Ein enormes Interesse an Literatur und Musik war auch in den Zeiten der größten Not eine Selbstverständlichkeit und prägte Trude Herr.

Bereits in der Schule spielte Trude Herr vor anderen Kindern Theater. Ihre Schwester Agathe gab in einem Interview an, dass Trude Herr schon als Kind sehr eigensinnig gewesen sei – ein echter „Dickkopp" (Beutel/Hagen, 1997). Was sie sich vornahm, das versuchte sie auch in die Tat umzusetzen. Den Traum von der Schauspielerei verwirklichte sie schließlich gegen den Willen des Vaters mit ihrem ersten Engagement am „Theater der Vorhang", einer Wanderbühne mit Schauspielern, Sängern, Ballett und Orchester. Wahrscheinlich in der Spielzeit 1947/48 wechselte sie zum Volkstheater Millowitsch. Sie überwarf sich mit Willy Millowitsch und stieg 1949 aus, als dieser sein Theater für kurze Zeit schloss.

Gemeinsam mit ihrem Freund Gustl Schellhardt versuchte sie mit 22 Jahren ein eigenes Theater - die „Kölner Lustspielbühne" - ins Leben zu rufen. Das Projekt scheiterte und Trude Herr arbeitete nun in der „Barberina" - einer Szenebar - als Kellnerin. Dennoch gab sie ihren Berufswunsch nicht auf.

Ab in die Bütt - oder lieber daneben?

Als die Familie Herr im Winter 1953 zum ersten Mal im Fernsehen eine Büttenrede sah, konnte Agathe ihre Schwester dazu animieren, auch „in die Bütt" zu gehen. Gemeinsam mit Schellhardt tüftelte sie eine Büttenrede aus, obwohl sie vorher stets kritisiert hatte, dass es nichts Humorloseres als den Kölner Karneval gäbe.

Im Herbst 1954 bot Trude Herr ihre Büttenrede den Karnevalisten an. Die Programmgestalter der Sitzungen verhielten sich wie jedem Neuling gegenüber sehr reserviert. Ihre Skepsis wurde - laut Gérard Schmidt - dadurch noch verstärkt, dass der Neuling eine Frau war, was es in der Bütt der großen Gesellschaften vorher noch nicht gegeben hatte. Zweitens kann man aus dem niedergeschriebenen Text nicht erschließen, ob der Vortrag beim Publikum ankommt, besonders, wenn der Vortragende noch keine Erfolge vorweisen kann. Zu guter Letzt wollte Trude Herr nicht in der Bütt stehen, sondern daneben. Dennoch wurde sie engagiert.

Die Hollywood-Queen

In ihrer ersten Büttenrede schuf sie das „Wunderkind": „ein etwas unbedarftes, dickes, kölsches Mädchen, das seine Erlebnisse als Nachwuchsfilmstar zum besten gab", beschreibt Schmidt diese Rolle. Sie gab vor, alle Stars zwischen Hollywood und Venedig persönlich zu kennen. Der Witz lag dabei darin, dass das Mädchen allem Neuen mit beschränktem Verstand begegnete und so auch deutete. Wesentliches Element dieser Büttenrede war die raffinierte Naivität, die die „offizielle Wohlanständigkeit" unterlief. Als Beispiel: „Sie bittet die Filmgesellschaft, den Titel »Die Jungfrau von Orléans« in »Das Mädchen von Orléans« abzuändern, sonst könnten die Leute zu Hause im Severinsviertel dumme Bemerkungen machen". Trude Herr, Gustl Schellhardt und Thomas Maraun, der als Trudes Kritiker sich stets als erster ihre Reden anhörte, hatten in der Glamourwelt des Films ein Thema gefunden, das die Aufmerksamkeit der Leute auf sich zog; sie hatten Trude Herrs unverwech-

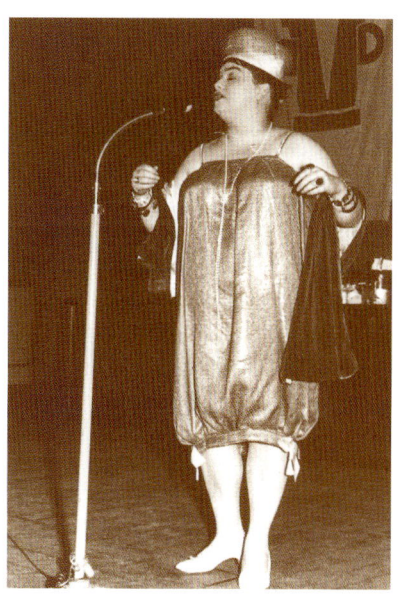

selbare komische Art entdeckt und sich nur auf Thema, Typ und Vortragsstil konzentriert. Diese Mischung brachte Trude Herr den Erfolg. Bereits in der ersten Session erhielt sie mehr als fünfzig Engagements. Dabei hatte sie manchmal bis zu zehn Auftritte am Abend. Ihre Schwester Agathe begleitete sie damals immer zu den Sitzungen. Sie fuhr sie von Veranstaltung zu Veranstaltung.

Im Jahr darauf schuf das Trio einen neuen Typ: das „Besatzungskind". Damit griffen sie ein klassisches Thema der Nachkriegszeit auf: die Problematik der Besatzungskinder, der Sprößlinge, die aus der Liaison der Besatzungssoldaten mit deutschen Frauen entstammten. Diese hatten es oft nicht einfach und fielen dem Spott der Leute zum Opfer. Trude Herr hatte „einen sensiblen gesellschaftlichen Nervenpunkt von entsprechend hohem Unterhaltungswert" (Schmidt) aufgespürt, der ihr bei einem Nachwuchswettbewerb des WDR 1956 den Sieg brachte.

Gérard Schmidt beschreibt einen Ausschnitt aus der Rede wie folgt:

> *„Die Ausgangssituation mit ihrer Komik war noch einmal dahin zugespitzt worden, daß der Soldatenvater ein schwarzer Amerikaner gewesen war. Bereits beim ersten Satz tobte der Saal: »Weil meine Mutter eso jern amerikanische Schokelad jejesse hat, bin ich eso schwarz jeworden ... An minge Vatter kann ich mich nur janz dunkel erinnere.«".*

Neu war auch, dass Trude Herr im Anschluss an ihre Büttenrede ein Lied singen wollte. Da dies aber vorher nicht üblich war, stieß Herr zunächst erneut auf die Ablehnung der Sitzungspräsidenten. Doch auch hiermit konnte sie sich durchsetzen. Mit ihrem Liedchen zur Büttenrede „Das Besatzungskind" konnte sie nicht nur das Publikum zu Tränen rühren, sondern sie übte gleichzeitig soziale Kritik am Minderheitendenken: die Herkunft oder Hautfarbe eines Menschen sage nichts über dessen Charakter aus.

> *„O lulula, o lulula, o leila Su sung för mich ming Mami.*
> *O lulula, o lulula, o leila Kind, ding Vatter wor ene Ami.*
> *Jo, do kammer doch nu eimol nix dran mache,*
> *Jo, do kammer doch nur krieche odder laache.*
> *Un ben ich och e schwaz Jeblöt, Ich han trotzdem e kölsch Jemöt."*
> **(nach Schmidt, 1991)**

Revue alaaf - Tradition adé

Zur gleichen Zeit als Trude Herr Erfolge als Büttenrednerin erzielte, wurde sie von Hermann Ahrends und Ludwig Westkamp an den „Kaiserhof" geholt. Da die Revuen locker zusammengestellt waren, konnten ihre Büttenreden einfach eingefügt werden. Im „Kaiserhof" traf sie auf Grete Fluss, mit der sie einige Stücke zusammenspielte. Die beiden sollen ein freundschaftliches Verhältnis zueinander gehabt haben. Als Grete Fluss aufhörte, wehrte sich Trude Herr aber vehement dagegen, als Nachfolgerin Fluss' angesehen zu werden, auch wenn sie von dieser viel gelernt hatte.

Im Jahr 1958 kam es zum Bruch zwischen Trude Herr und dem Sitzungskarneval. Ihre Reden galten als sozial kritisch, was nach damaligen Vorstellungen nicht in den Karneval gehörte - und sie hatte den Traditionskarneval angegriffen oder - wie sie selbst es einmal nannte - „Kölns heiligste Kuh geschlachtet". Ihre letzte Büttenrede „Die Karnevalspräsidentengattin" durfte sie nicht mehr halten. Sie distanzierte sich daraufhin völlig vom offiziellen Karneval und kritisierte ihn öffentlich. Bis zuletzt meinte sie, dass der Karneval dringend reformiert werden müsse: Dem Karneval fehle die (soziale) Kritik. 1980 drehte sie aus dieser „verbotenen" Büttenrede einen kleinen Film mit dem Titel „Auftakt zur Session". Der Untertitel spricht für sich: „Karnevalästerische Klamotteske". Und hier rechnete sie dann mit dem Traditionskarneval und dem Kölner Klüngel wirklich ab; unter anderem indem sie die Karnevalspräsidentengattin am Schluss sagen lässt: „Wahrheit hat mit dem Sitzungskarneval nix zu tun."

Mit ihrem „Angriff" gegen den Gesellschaftskarneval schaffte sie sich Feinde. Manche empfanden ihre politischen Aussagen zu drastisch und „ungerecht denen gegenüber, die ihre Meinung nicht teilten", schreiben Heike Beutel und Anna Hagin in Trude Herrs Biographie. Andere wiederum glaubten, dass sie es in der Gesellschaft und insbesondere in der des organisierten Karneval schwerer hatte, weil sie eine Frau war - und dabei nicht gerade das gängige Frauenbild präsentierte.

Trotz des Bruches spielte sie im „Kaiserhof" weiter. In den 60er Jahren trat sie auch in der „Lachenden Sporthalle" z.B. als „Cleopatra von Niehl" auf.

Privat feierte Trude Herr ausgesprochen gern Karneval. Sie mochte mehr den anarchischen Charakter des Volksfestes als den harmlosen Frohsinn des Gesellschaftskarnevals. Besonderen Spaß hatten Trude Herr, ihre Schwester Agathe und ihre Freunde mit dem selbsternannten „Rotkäppchen eh Fau", einer Parodie auf die vielen Karnevalsvereine. Es wurden einige Männer als „Rotkäppchen" oder „Kommunionskinder" verkleidet und dann zogen sie zusammen durch die Kölner Wirtshäuser und Säle. Mit einem selbstgestalteten Festwagen schlichen sie sich sogar in den offiziellen Rosenmontagszug ein, was schon damals streng verboten war. An einer Straßenecke fädelten sich die „Rotkäppchen" in den Zug ein, um nach einigen Metern wieder aus dem selbigen verwiesen zu werden. Diese Prozedur wiederholte sich mehrmals. Die Leute am Straßenrand spielten mit, so dass der Wagen immer wieder unter lautem Gelächter im Zug auftauchte. Mit den Jahren brach die Clique aber mehr und mehr auseinander, und Trude Herr mied immer häufiger den Karneval.

Doch richtig loslassen konnte sie aber nicht, wie eine interessante Anekdote belegt: Sie schleppt einen Orden, das Charakteristischste des Traditionskarnevals überhaupt, mit auf eine Afrikareise – und verleiht ihn „pour le mérite de l'hospitalité" (im Verdienst um die Gastfreundlichkeit) dem Ortskommandanten von Zuar.

Auf zu neuen Ufern - Scheitern inklusive

Mit ihrer im Hochdeutschen geschriebenen Nummer „Die Fernsehansagerin" wurde Trude Herr 1957 im „Kaiserhof" von Willy Schaeffers entdeckt, der sie auf die „Berliner Wanderbühne" holte. Von dort engagierte sie Atze Braun für den deutschen Unterhaltungsfilm. In mehr als 100 Filmen mimte sie in Nebenrollen die kleine, pummelige Komische. Eine Hauptrolle bekam sie nie. Später bezeichnete sie diese Filme als schlecht - spiegelten sie doch das „sauertöpfische deutsche Spießertum" wider, das sie so sehr ablehnte. Sie habe sie gedreht, um bekannt zu werden und Geld zu verdienen: „Das war wie ein Sechser im Lotto." Zur gleichen Zeit nahm sie auch ihren ersten Schlager „Ich will keine Schokolade" auf.

Nach der Ära des deutschen Unterhaltungsfilmes Ende der 60er Jahre versuchte Trude Herr mit eigenen Filmen, die sie auf ihren Wüstenreisen gedreht hatte, als ernste Künstlerin anerkannt zu werden, aber dieses Vorhaben scheiterte. Alle sahen in ihr nur die Ulknudel.

Enttäuscht wendete sie sich wieder dem Theater zu und eröffnete 1977 ihr eigenes „Theater im Vringsveedel." Sie war alles in einer Person: Autorin, Regisseurin, Theaterleiterin und Hauptdarstellerin - ein Multitalent. Doch Trude Herrs Reformversuche des klassischen Volkstheaters kamen nicht bei jedem Besucher an. Manche nahmen Anstoß an ihrer Spielweise und Umsetzung der Stücke: „Ihre Art zu schreiben und zu spielen, empfanden sie zu deftig und unter der Gürtellinie. Sie entsprach nicht den Erwartungen, die man an eine Kölner Volksschauspielerin hatte" (Beutel / Hagin). Der Brauchtumsforscher Reinold Louis nahm Anstoß an ihrem breiten Kölsch, wie es in Köln nur „in der tiefsten Gosse gesprochen" werde. Sie habe Worte benutzt, „die man in Hönings Wörterbuch nur im Anhang findet - für Erwachsene gewissermaßen".

Ihr gesundheitlicher Zustand und die Enttäuschung darüber, nicht als ernste Künstlerin gewürdigt zu werden, veranlasste sie 1986 ihr Theater zu schließen. Als weiteren Grund nannte sie die fehlenden Subventionen der Stadt. Darum zu betteln, das lag unter ihrer Würde. Sie emigrierte und ließ sich auf den Fidschi-Inseln nieder.

Dort wurde sie 1988 für ihre „großen Verdienste", die sie sich durch ihr Engagement „um das Kulturleben der Stadt Köln, darüber hinaus aber auch der Bundesrepublik Deutschland" erworben hatte, vom Kanzler der deutschen Botschaft in Wellington (Neuseeland) - Karl Emser - mit dem Bundesverdienstkreuz ausgezeichnet. Er betonte in seiner Rede Herrs Bemühen, die „große Kölner Volkstheater-Tradition" in „Form eines reformierten Volkstheaters" fortzusetzen.

Als sie sich 1991 dazu entschloss, ihre literarischen Werke - in den letzten Jahren hatte sie sich immer mehr als Schriftstellerin gesehen - zu veröffentlichen, kehrte sie wieder nach Europa zurück. Aber zu einem Comeback kam es nicht mehr: Am 15. März 1991 starb sie in Frankreich einen unerwarteten Herztod. Begraben wurde sie auf dem Nordfriedhof in Köln-Weidenpesch.

Niemals geht man so ganz

Sieben Jahre später wurde der „Trude Herr Fanclub e.V." gegründet, der mehrmals im Jahr Trude-Herr-Erinnerungsshows veranstaltet. Aber nicht nur das: Der Club hat bei der Stadtverwaltung einen Antrag für ein Trude-Herr-Denkmal eingereicht - das seien die Kölner „ihrer"

Trude schuldig. Die hatten schließlich schon den 10. Todestag vergessen: Keine Sondersendung im Radio oder TV - obwohl der Club schon Wochen vorher daran erinnert hatte. Immerhin wurde eine neu angelegte Grünanlage – zirka zehn Bäume und zwei Bänke - vor dem Bürgerhaus Stollwerck „Trude-Herr-Park" genannt.

Übrigens - im Fanclub trat auch schon eine „echte" Herr auf: Gigi Herr mit ihrem Stück „Solo für Gigi". Trudes Nichte wurde durch Auftritte im Millowitsch-Theater und im Kaiserhof bekannt. Tja, das scheint in den Genen zu liegen.

Zu ihrem zehnten Todestag ließen die Kölner „ihre" Trude wieder auferstehen. Fanclub-Mitgründerin Hilde Schmitz in einem Original-Kleid der beliebten Kölner Volksschauspielerin auf der Bühne im Trude-Herr-Fanclub. Im „Himmel" feierten mit ihr: Marlene Dietrich, Willy Millowitsch, Marilyn Monroe und Schlagersängerin Alexandra.

Typisch Kölsch: Marie-Luise Nikuta

Die Nachricht schlug ein wie eine Bombe - und die Geschichte der Frauen im Kölner Karneval war um ein typisches Kapitel reicher. Marie-Luise Nikuta („E paar Grosche för Ihs"), die „singende Köbessin", wird von der Prinzproklamation 2001 im altehrwürdigen Kölner Gürzenich aus dem Programm geschmissen, schreibt die Presse. Begründung des Festkomitees: „Es müssen mal Jüngere ran". Das Mottolied, traditionell Nikutas Part, wird von „De Mötze" vorgetragen – drei jungen Männern. Nicht gerade die feine englische Art: Nikuta erfährt von ihrer Ausladung aus der Zeitung. Typisch für den Umgang mit Frauen im Fastelovend?

Nikuta korrigiert, sie sei nicht aus dem Programm geschmissen worden, sondern gar nicht erst gefragt worden, ob sie auftritt. „Ich habe ja das Mottolied nicht gepachtet." Die „Art und Weise", das Mottolied (traditionell Nikutas Part) einfach andere singen zu lassen, habe sie aber „nicht so toll" gefunden. Nikuta wehrt sich nicht und nimmt auch die anschließenden Abgesänge in der Presse hin. „Wenn man als Frau so lange erfolgreich ist wie ich, macht man sich eben nicht nur Freunde..." Mit einem Blumenstrauß entschuldigten sich „De Mötze" für den Wirbel, Zugleiter Alexander von Chiari bedauerte das „Missverständnis", so Nikuta. Schon schmiedet sie neue Pläne, das jüngste Motto „Janz Kölle es e Poppespill" musikalisch umzusetzen. Fest steht für Nikuta aber auch: „Mit einem Mann hätten sie sich das nicht getraut."

Mit ihrem Kleinwagen fährt Marie-Luise Nikuta zusammen mit ihrem Mann Willi vor ihrem Haus im Mauenheimer Getrudenhof vor. In der Wohnung verschwindet sie in der Küche und besorgt Wasser und Saft für den Besuch. Später gibt es Schokolade, und für die Heimreise ein bisschen Obst. Fürsorglich. Zu ihrer neuen Platte tanzt sie vor ihrer Stereoanlage auf und ab. „Das ist was nach meinem Geschmack: Was fürs Herz", sagt sie und gibt ihr neuestes Werk a capella zum Besten. Nervös wählt sie mehrmals die Telefonnummer ihres Produzenten. In forschem Ton verlangt sie nach einer Auskunft, ob die neue CD auch pünktlich fertig wird. Die Chefin hält alle Strippen fest in der Hand.

Aber es gibt auch das andere Gesicht der Nikuta. Die Augen glänzen, wenn sie von ihrem Enkelchen zu erzählen anfängt. Stolz zeigt sie Fotos von „dem Klein" und bemerkt nicht ohne Selbstverliebtheit. „Dat tanzt auch schon. Dat kütt op mich." Das Fastelovend-Gen hat die 1938 in Köln geborene Marie Luise Nikuta von ihrem Vater. „Der hat mich immer zum Rosenmontagszug mitgenommen", erzählt sie versonnen. Jedes Jahr soll er gesagt haben, dass er dieses Mal keinen Karneval feiern werde. „Aber wenn der 11.11. nahte, und er die decke Trumm in der Florastraße hörte, waren alle guten Vorsätze vergessen." Auch das Talent zum Texten hat sie von ihm geerbt. „Mein Vater konnte aus dem Stehgreif ein Gedicht aufsagen."

Mit 13 Jahren hat Marie Luise ihren ersten großen Karnevalsauftritt. Mit dem Lied „M'r fiere Fastelovend" tritt sie mit dem Kölner Kinderchor unter der Leitung von Käthe Buß-Schmitz auf einer Sitzung der „Lyskircher Junge" im Williamsbau an der Aachener Straße auf. „Der Erfolg war umwerfend", erinnert sich Nikuta. Doch ihr Wunsch nach einer Karriere als Sängerin musste zunächst vor Schule und Beruf zurückstehen. Erst ihr Ehemann kann sie davon überzeugen, ihre musikalischen Fähigkeiten zu nutzen. Mit der WDR-Hitparade 1972 und dem Lied „Kölsch, Kölsch, Kölsch" kommt der Durchbruch. Nach der Geburt ihrer Tochter am 9. März 1968 kündigt sie ihren Beruf als Sekretärin und verdient ihr Geld fortan als Texterin und Komponistin.

Windelwechseln im Gürzenich

Während seine Frau auf der Bühne stand, ging Willi Nikuta mit dem Kinderwagen spazieren. „Und im Gürzenich hat er schon mal die Windeln gewechselt", erinnert sich Nikuta. Das war damals schon eine kleine Sensation. Trotz Kind wollte sie nie auf eine Berufsausübung verzichten. Aber Dank der Hilfe ihres Mannes, Freunden und Verwandten, die abends und an den Wochenenden - den Hauptzeiten der Veranstaltungen - auf das Kind aufpassten, ging es. Hatte sie tagsüber mal eine Besprechung, so sprang meist eine Freundin ein. Nikuta: „Das Wohl des Kindes ging stets vor."

Auf der Bühne ist „die Nikuta" schnell der gefeierte Publikumsliebling. Doch hinter den Kulissen brodelt es. Von den Männern, die ihr im „Sessions-Geschäft" begegnen, fühlt sich die junge Frau nicht akzeptiert. „Plötzlich war da eine Frau, die konnte singen und machte auch sonst alles selber." Von den Texten, über die Melodien bis zu Arrangements. Nikuta fühlt sich mit „neidischen Kommentaren aus der Riege der männlichen Kollegen" konfrontiert. Sie merken: Nikuta hat mehr zu bieten, als im Köbes-Kostüm Mottolieder zu schmettern.

Marie-Luise Nikuta in ihrem Element: auf der Bühne und in Abendgarderobe.

Mal lustig, mal nachdenklich schreibt und singt die Kölnerin über Geschichten des Alltags, von denen ihr viele selbst passierten, wie der „Straßenbahn-Song". Nach einer „durchgefeierten Nacht" 1979 lassen Marie-Luise Nikuta und ihr Mann das Auto stehen und fahren mit der Straßenbahn nach Hause, auf der Fahrt entsteht das Lied. Es wird ein Hit. Die Kölner Verkehrsbetriebe fanden das Lied treffend und bestellten eine Anti-Promille-Version. Sogar der damalige Verkehrsminister Gscheidle gratulierte ihr zu diesem Lied. Auftritte etwas anderer Art erlebte sie sowohl 1978, als sie in den USA an der Steuben-Parade in New York teilnahm, als auch 1987 und 1991 zusammen mit den Roten Funken beim Karneval in Deutsch-Namibia.

Das Verhältnis zu den Oberjecken besserte sich aber nur langsam. „Die haben mich nicht richtig für voll genommen, aber mein Mann stand hinter mir und begleitete mich bei meinen Auftritten, und so hat man mich geduldet." Was sie besonders ärgert: „Erzählt ein Mann einen Witz unter der Gürtellinie, wird darüber gelacht. Einer Frau wird das übel genommen." Andererseits seien viele Frauen auch nicht energisch genug und „geben zu leicht auf". Immer noch lehnen einige Männer des Gesellschaftskarnevals Frauen ab, doch reformbedürftig sei der Karneval deshalb nicht, meint Nikuta. „Das ist wie in jedem anderen Beruf auch, von Frauen wird immer eine größere Leistung erwartet." Eine „Emanze" will sie nicht sein. „Aber ich bin auch nicht das kleine Mädchen, mit dem man alles machen kann." Die Frauen würden ihren Weg schon machen. „Nehmen Sie nur die Entwicklung der Frauensitzungen. Da schaffen sich Frauen ihre eigenen Vergnügungen. Und ich weiß, dass es da viel doller zugeht als auf den Herrensitzungen."

Angepasst und trotzdem gescholten

Marie-Luise Nikuta: Von Männern groß gemacht, von Männern klein gemacht. Doch trotz aller Rückschläge hat sie sich ihren Platz im Männer-Karneval erkämpft. Dies gelang ihr sicherlich auch dadurch, weil sie nie den organisierten Karneval kritisierte. Auch optisch passte sie sich der Schlips-Mentalität der Herren der Gesellschaften an: Während andere Frauen durch witzige und ausgefallene Verkleidung auffielen, tritt Nikuta in Abendgarderobe auf.

1998 feiert das „Phänomen Marie-Luise Nikuta" sein 30. Bühnen-jubiläum. In dieser Zeit hat die „singende Köbessin" neben zahl-reichen Liedern für andere mehr als hundertzwanzig eigene über Köln und für den Karneval geschrieben, darunter allein dreiundzwanzig Mottolieder. Während der Session absolviert sie rund hundert Auf-tritte, und außerhalb des Karnevals singt sie auf vielen Veranstaltungen - darunter zahlreiche Benefizkonzerte. Ihre Mühen wurden 1973 anlässlich der Prinzenproklamation mit der Goldenen Ostermann-Medaille für ihre Verdienste um das Volkslied und die Volkskultur allgemein belohnt. Bis heute ist sie die einzige Frau, die mit dieser Auszeichnung bedacht wurde.

Im Prinzenfieber: Ilse Prass

Manch eine Frau wäre ja schon mit einem Prinzen zufrieden. Ilse Prass ist zumindest in dieser Beziehung maßlos. „Das sind alle meine Prinzen", sagt sie und macht mit ihrem Arm eine weite, ausholende Bewegung. Im Treppenhaus ihres Häuschens in Köln-Merheim reiht sich eine historische Fotografie neben die andere – vom Erdgeschoss bis unter das Dach. Die Fotos zeigen die Kölner Karnevalsprinzen von 1824 bis heute – mit wenigen Lücken im 19. Jahrhundert. Eine einzigartige Sammlung. Im Flur baumeln ungezählte Karnevalsorden von Kleiderstangen. „Und das sind nur die von diesem Jahr", winkt die 63-Jährige ab. Das ehemalige Kinderzimmer hat sich Prass zum Büro umgebaut, Licht spendet ein „Kronleuchter" aus Kölschstangen.

Ilse Prass vor ihrer „Ahnengalerie".

Sie weiß als Erste, wer zum Dreigestirn der nächsten Session ernannt wird, sie ist die protokollarische Wächterin über alle offiziellen Termine des Festkomitees. Sie sorgt dafür, dass der Frack des Präsidenten richtig sitzt. Sie begleitet das Dreigestirn auf seiner Tour durch die Säle. Ihr Zeitplan ist minutiös durchorganisiert. Ilse Prass wird die „gute Seele des Festkomitees" genannt - aber das hört sie nicht gern. „Als Frau haftet das einem immer so an", meint die Großmutter von vier Enkeln. Ilse Prass ist Protokollchefin und das derzeit einzige weibliche Mitglied im Vorstand des „Festkomitees Kölner Karneval". Ihre karnevalistische Heimat ist die älteste Kölner Karnevalsgesellschaft, die Große von 1823, bei der ihr Großvater und ihr Vater Senator waren.

Erblich vorbelastet, hat die 1937 geborene, überzeugte Mülheimerin das Karnevals-Gen so zu sagen mit der Muttermilch aufgesogen. „Die waren beide schon in der Großen Karnevalsgesellschaft und haben beide schon immer sehr intensiv gefeiert." Sogar während des Zweiten Weltkrieges, als Köln schon in Trümmern lag. „Irgendein Lümpchen haben wir als Kinder immer angehabt und Karneval gefeiert. Trotz der schlechten Zeit." Einmal, erinnert sich Ilse Prass, sei sie sogar in einem einfachen Rock und in Schuhen ihrer Mutter losgezogen.

Dass die Männer im Karneval das Sagen hatten, war damals noch selbstverständlich. „Die Männer waren in der Gesellschaft. Die Frauen natürlich nicht." Aber Frauen durften mitgehen, wenn gefeiert wurde. Genauso wie es heute noch in vielen Karnevalsgesellschaften Tradition ist. „Mich stört das nicht", sagt Prass gelassen. „Mein Mann ist ja auch in der Großen. Die Große ist eine Traditionsgesellschaft, die hat keine Frauen drin. Aber wenn was los ist, sind wir dabei." Ilse Prass sieht das pragmatisch: „Ob ich jetzt Beitrag zahle oder nicht, ich bin sowieso dabei, wenn gefeiert wird."

Wär das nichts für Dich?

Schon seit ihrer Jugend befasst sich Ilse Prass mit Kölner Stadtgeschichte, Kölner Mundart und Kölner Karneval. Seit fast 40 Jahren geht sie der Geschichte der Kölner Dreigestirne nach. 1990, „als die Kinder aus dem Haus waren", kam die gelernte Kindergärtnerin zum Festkomitee. Bei der „Akadamie för uns kölsche Sproch" begann sie zur Kölner Geschichte und zum Karneval zu recherchieren. Ilse Prass feierte nämlich nicht nur gern Karneval, sondern interessierte sich auch für die Geschichte – und ganz besonders für die der Dreigestirne. Aus vie-

Ilse Prass (links) und Caroline Hamacher-Linneberg als Vorstandsdamen im Festkomitee.

len Jahren waren gar keine Namen der Dreigestirne bekannt. Ilse Prass vergrub sich mit Eifer in Zeitungsarchiven und Sammlungen von Privatleuten. Dabei heraus kam ein Buch über die Kölner Dreigestirne. Sie schrieb ihre ersten Texte und trat mit einem Manuskript an den damaligen Festkomitee-Präsidenten, Gisbert Brovot, heran, den sie aus seiner Zeit als Kölner Prinz noch sehr gut kannte. Er sagte: „Ich suche eine zweite Frau im FK. Wär das nichts für dich?" Sechs Monate vor ihr war sensationell Caroline Hamacher-Linnenberg in die vorderste Reihe berufen worden.

Dass Brovot zwei Frauen in den Vorstand holte, Ilse Prass für den Bereich Brauchtum und Caroline Hamacher-Linneberg für Öffentlichkeitsarbeit, sorgte gehörig für Aufregung in der Karnevalslandschaft.

„Das war mit Sicherheit ein historisches Ereignis", ist sich Ilse Prass heute sicher. „Brovot war einer, der neue Ideen herein brachte." Und sie erinnert sich an die Zeit, als sie neu war. „Das war auch schwierig am Anfang. Die Präsidenten, die schon eh und je im Karneval waren, sagten, da ist nichts mit Frauen, und plötzlich waren da zwei Frauen." Berührungsängste machten sich bemerkbar. Die Männer, „insbesondere der Traditionsgesellschaften", seien sehr auf Distanz gegangen - zunächst. Nach und nach wurde aus Prass' Liebe für den Karneval ein Full-Time-Job. „Wenn ich als Frau in so eine Männergesellschaft einsteige, dann erwartet man von mir mehr Leistung als von Männern. Man muss ihnen beweisen, dass man was kann und darf sich niemals in den Vordergrund spielen."

Ilse Prass hat ihre Arbeit immer getan, ohne herauszukehren, dass sie als Frau eine besondere Rolle einnahm. „Emanzipation und Feminismus hab' ich nie nötig gehabt", sagt sie lapidar. „Ich habe die Arbeit getan, die getan werden musste. Ich denke, das ist wichtig." Dass sie so weit gekommen ist, hat aber sicher auch mit einem gewissen Maß an Anpassung zu tun. „Es gibt einfach Sachen, da muss ich sagen: Ich bin eine Frau, das ist nichts für mich." Eine Mütze zum Beispiel würde die Protokollchefin aus Prinzip nie anziehen. Sie ist davon überzeugt: „Das ist Männersache."

Eine Frau als Hauptmann

Die „Blauen Funken" ernannten mit Ilse Prass 1997 zum ersten Mal eine Frau zum „Hauptmann" – ehrenhalber, versteht sich. Doch von diesem Erlebnis schwärmt die Geehrte heute noch. „Das fand ich eine ganz tolle Sache, das ist ja eine reine Männergesellschaft." Und auch dass sie bei den „Treuen Husaren" Ehrensenator wurde, erfüllt sie mit Genugtuung. „Das ist der Dank für das, was ich getan habe." Ilse Prass ist eine Pionierin und viele Frauen, die nach ihr kommen, werden es durch sie leichter haben. „Ich denke, dadurch, dass ich das eine Zeit lang gemacht habe, ist ein Platz für eine Frau selbstverständlich geworden. Wenn ich mal gehe, wird auch wieder eine Frau reinkommen. Das wird nicht wieder eine reine Männergesellschaft werden."

Die Ehre bezahlt Ilse Prass nicht selten mit einem 14-Stunden-Tag. Viele Büroarbeiten erledigt sie zu Hause, „sonst würde ich mit meinem Mann Ärger kriegen". In der Früh steht sie auf und erledigt zuerst den Haushalt, einmal die Woche ist ihr Enkelchen zu Besuch. „Mein Mann sagt: So lange ich mittags um 12 Uhr mein warmes Essen habe, ist mir alles andere egal", sagt sie und lächelt zufrieden. Trotz des ganzen Stresses freut sich Ilse Prass noch immer auf jede Sitzung. Ganz privat ist sie eigentlich nie. Aber wenn, feiert sie am allerliebsten im Kostüm. „Weiberfastnacht. Das ist ein Tag, da muss morgens früh um sieben die Karnevalsmusik laufen und dann raus auf die Straße." Ihr Mann ist immer dabei. Karnevalssamstag beim Merheimer Veedelszug, der vor ihrer Haustür vorbei geht, ist sie wieder voll in ihrem Element. Bis zu 100 Gäste versammeln sich dann vor ihrem Haus und es gibt Kölsch, Schmalzbrote und Berliner. Für Ilse Prass ist das ganze Jahr Karneval. Wenn es nach Aschermittwoch stiller wird, bereitet sie still bereits die nächste Session vor. Eine Frau steht ihren Mann.

Die erste Frauen-KG: die Colombinen

Das erste Frauen-Trifolium der Stadt schritt vom Rathaus kommend die Treppen zum Alter Markt hinunter und würde unter frenetischem Jubel zum ersten Mal zu seinen närrischen Untertanen sprechen. „Einmol Prinzessin sin, in Kölle am Rhing, in nem Dreigestirn vull Sunnesching..." Warum eigentlich nicht? Mit ein wenig gutem Willen wäre das alles kein Problem. Die Texte der alten Karnevalslieder müssten nur unwesentlich verändert werden und schon könnte in Köln das schönste Dreigestirn aller Zeiten gefeiert werden. Schließlich gibt es in Köln ja jetzt schon seit längerem die erste rein weibliche Karnevalsgesellschaft, die auch noch dem Festkomitee angeschlossen ist. „Colombinen" nennen sich die Pionierinnen und erinnern damit an die selbstbewusst-gewitzten Zofen im Theater der italienischen Commedia-dell'-Arte von einst.

Feiern Frauen fröhlicher?

Februar 2000. In den kölschen Karnevalsgesellschaften und auf den Sitzungen gibt es nur ein Thema: Der Vorstand des Festkomitees hat die erste Kölner Damengesellschaft „Colombina Colonia" als förderndes Mitglied aufgenommen. Ganze 14 Tage hat es von der Antragstellung bis zur Aufnahme gedauert. Das ist Rekord. Worauf manch

Männerfreundlich: Die Colombinen ernennen Jungfrau Hansi zur „Colombine auf Zeit"

„männliche" KG teilweise noch bis heute wartet, hat die Ansammlung jecker Wiever im Handumdrehen geschafft.

Das nennt man wohl weiblichen Charme: Nach der ersten öffentlichen Veranstaltung am 21. Januar 2000 ist Ehrengast Franz Wolf, Präsident des Bundes Deutscher Karneval (BDK), so begeistert, dass er die Colombinen noch in derselben Nacht in den BDK aufnimmt. Und nur zwei Wochen später bekommen die Damen schriftlich bestätigt, den ersten Schritt zur Aufnahme ins Festkomitee geschafft zu haben: Sie sind nun förderndes Mitglied. Es dauert auch nicht lange bis zum ersten Knatsch. Alt-Köllen-Präsident Hans Brocker wettert gegen die „Bevorzugung" der Frauen, die - ganz nebenbei - die Ehefrauen bekannter Karnevalisten sind. Die Meinungen sind gespalten: Viele begrüßen die feminine Frohsinns-Offensive als längst überfällig, manche belächeln die etablierten Ehefrauen als „Ableger" ihrer Ehemänner.

Die kölschen „Düvjer" (Täubchen), wie sie sich selbst nennen, stört das nicht. Sie haben genug damit zu tun, den Riesen-Ansturm auf ihre KG zu bewältigen. Mit einer derartigen Nachfrage hatten die Jeckinnen nicht gerechnet: „Innerhalb kurzer Zeit waren wir von einer Flut von Briefen und Anrufen überschwemmt", ist in der Vereinschronik nachzulesen. Bald wurde ein „Schnuppertreffen" für die interessierten Frauen veranstaltet. „Unserer Einladung in das Hotel Dorint – Saal Belvedere folgten 180 Damen. Wir begrüßten jede der Damen persönlich und es war sofort eine angenehme Atmosphäre im Saal. In dem von uns geschmückten Raum stellte unsere Präsidentin auf ihre nette kölsche Art unser Konzept vor."

Ziele sollten der „Spaß an d'r Freud und die Gleichberechtigung der Frauen im Karneval" sein. Wie man richtig Karneval feiert, wollten die Frauen den Männern zeigen. Präsidentin Annegret Cremer: „Spontaner und frecher, nit esu stief." Statt staatstiefer „Sitzung mit Damen", feiern die Colombinen Weiberball mit Live-Musik und viel Schwoof – und nennen das Ganze frech „Sitzung mit Herren". In diesem Punkt unterscheiden sich die Damen in nichts von den konventionellen Karnevalsvereinen: Wie jahrzehntelang Frauen mitschunkeln aber nicht mitbestimmen durften, dürfen Männer bei den Colombinen ebenfalls mitfeiern, aber kein Mitglied werden.

Eine Flut von Anmeldungen

Bereits nach dem ersten „Schnuppertreffen" am 28. Oktober 1999 im Hotel Dorint war zu erkennen, welch ein ungeheurer Bedarf an weiblicher Narretei vorher bestanden haben musste. Die Schriftführerin hielt fest: „Es hagelte Anmeldungen zur Mitgliedschaft und zur ersten Weihnachtsfeier." Diese Feier „mit karnevalistischem Programm" war die zweite große Zusammenkunft der Frauen. „Wie in Köln alle Feste, endete auch unsere Weihnachtsfeier mit einem Karnevalslied. Wir trugen unser Lied Colombina Colonia vor und alle Colombinen sangen den Refrain begeistert mit."

Zick 1823 do loorte mer met an,
dat he em kölsche Fasteleer
die Köls et Sage han.
Jedoch em Johr 2000
Do wore mer et satt
Un han och für uns Mädcher
En Jesellschaft opjemmat

Refrain: „Colombina Colonia,
kölsche Düvjer he vum Rhing
Colombina Colonia
Han em Hätze Sonnesching

Meer sin die kölsche Düvjer
Wie jeder längs schon weiß,
un zeige denne Käls
wat Fastelovend fiere heiß.
Mer schunkele, mer singe
Und hevve richtig av.
Un ston mer eesch ens op de Stöhl
Kritt uns kei Minsch mieh rav.
Refrain...

Inwieweit die Colombinen Einfluss auf ihre Hymne hatten, ist nur zu erahnen. Musik und Text stammen von einem Mann, Ewald Fischer.

Das Interesse an der Damen-KG ließ nicht nach. „Wir freuten uns sehr über das rege Interesse und jede der anwesenden Damen war uns als Mitglied willkommen." Inzwischen hat sich auch das gewandelt: Bei der jecken Zahl von 333 „Frauen aus allen Gesellschaftsschichten", wie die Colombinen betonen, mussten sie einen Aufnahme-Stopp verhängen. Nur wenn eine Colombine die Gesellschaft verlässt, ist ein Neuzugang möglich.

Zwischen Prinzenwagen und Müllabfuhr

Sogar im Rosenmontagszug durften die Täubchen auf Anhieb mitgehen - an „exponierter" Stelle, zwischen Prinzenwagen und Müllabfuhr. „Dieser Wunsch wurde öffentlich von dem regierenden Prinzen Ralf II. und vielen Menschen in Köln unterstützt. Am 4. Februar 2000 erhielten wir die Mitteilung, dass elf Colombinen am Rosenmontagszug teilnehmen könnten." Die sechs Vorstands-Colombinen und fünf weitere Mitglieder, die im Losverfahren ermittelt wurden, waren die glücklichen Teilnehmerinnen. Bei strahlendem Wetter erlebten sie „eine wunderbare Harmonie" in der Gruppe. „Prinz Ralf II. kam uns einzeln begrüßen und wünschte uns viel Spaß." Und obwohl die Colombinen als Schlusslicht hinter dem Prinz herziehen

mussten, wurden sie „von den Jecken jubelnd unterstützt und warfen Kamelle und Strüßjer wie die Weltmeister".

Allerdings sollte sich dieser Ausflug als ein kurzes Gastspiel erweisen. Schon in der darauffolgenden Session wird die kölsche Damen-KG in die zweite Liga verbannt – und marschiert anstatt im Rosenmontagszug bei den Schull- und Veedelszöch mit. Die Frauen machen sich keine Illusionen. „Uns ist gesagt worden, dass wir aufgrund der Zuglänge keine Dauerbeteiligung erwarten dürfen. Aber alle zwei Jahre beim Rosenmontagszug mit dabei zu sein, das ist langfristig schon unser Ziel." Da hätten sie einigen Männervereinen etwas voraus.

Ansprüche stellen dürfen die Newcomerinnen, so lange sie nur förderndes Mitglied im Festkomitee sind, nicht. Das heisst: Sie dürfen bezahlen, aber nicht mit abstimmen. Da geht es ihnen nicht anders als den Männern: Fünf Jahre dauert die Wartefrist bis sie einen Antrag auf Ernennung zum hospitierenden Mitglied stellen dürfen, weitere fünf bis zur vollen Mitgliedschaft. Und selbst dann sind sie noch auf die Zustimmung des gesamten Vorstandes sowie der Präsidenten aller angeschlossenen Gesellschaften angewiesen. Doch auch der letzte Schritt zur vollen Anerkennung wird kein Problem für die „kölschen Düvjer" werden: Ihre Ehemänner sind schließlich allesamt gestandene Karnevalisten.

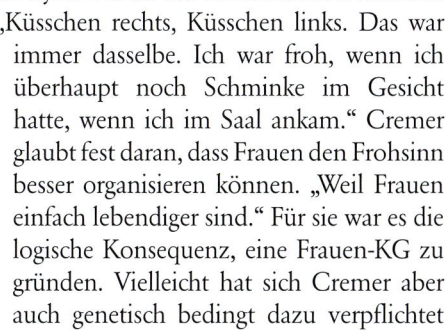

An die Zeit, als ihr Mann 1994 Prinz im Dreigestirn war, kann sich Präsidentin Annegret Cremer jedenfalls noch mehr als gut erinnern, für sechs Wochen musste sie ihren Ehemann mit tausenden anderen Frauen teilen und sich sogar heimlich zu ihm schleichen. „Das war erniedrigend. In dieser Männergesellschaft sind Frauen schlichtweg unerwünscht." In den Sälen und Foyers war sie nur schmückendes Beiwerk. „Küsschen rechts, Küsschen links. Das war immer dasselbe. Ich war froh, wenn ich überhaupt noch Schminke im Gesicht hatte, wenn ich im Saal ankam." Cremer glaubt fest daran, dass Frauen den Frohsinn besser organisieren können. „Weil Frauen einfach lebendiger sind." Für sie war es die logische Konsequenz, eine Frauen-KG zu gründen. Vielleicht hat sich Cremer aber auch genetisch bedingt dazu verpflichtet gefühlt, als Frau im Karneval Schlagzeilen zu machen. Die Colombinen-Präsidentin ist eine Großnichte von Karnevals-Urmutter Grete Fluss.

Neu und doch nicht anders

Irgendwie revolutionär war zwar die Gründung der „Colombina Colonia", die eigentliche Revolution aber blieb bisher aus. Die Taube im Vereinslogo spricht für das ungeheure Harmoniebedürfnis der Colombinen. Auf Du und Du mit dem Männerkarneval, gehen sie jeder Konfrontation aus dem Wege - anders wäre der kometenhafte Aufstieg der KG wohl auch nicht zu erklären. In gewisser Weise eifern die Colombinen sogar den Männern nach. Pressesprecherin Sabine Schneller: „Wir wollen gar nicht groß anders sein. Wir wollen nur selber machen." Männer haben sogar eine Chance, als Mitglieder auf Zeit aufgenommen zu werden, wenn sie denn in Frauenkleidern stecken: Am 15. Februar 2001 wurde Jungfrau Hansi Kölschbach bis Aschermittwoch zur Colombine ernannt.

Die Colombinen bezeichnen sich als „traditionell-karnevalistisch", und so kommen ihre Veranstaltungen auch bei Festkomitee-Präsident Hans-Horst Engels gut an, der als Gast gerne mit von der Partie ist. Gediegen und exklusiv sind die Feste der Colombinen und die Lokalitäten, in denen die Feste stattfinden. Die erste Sitzung fand im Dorint-Hotel statt, im nächsten Jahr war es schon der Kristallsaal, das Sommerfest wird in der Flora gefeiert. Und auf gar keinen Fall wollen die Colombinen mit dem alternativen Karneval in Verbindung gebracht werden. Stattdessen gibt es Mitgliederkostüm, Wandertour und Sessionsorden.

Frauen nehmen sich selbst auf die Schippe
bei den Schull- und Veedelszöch 2001, hier auf der Severinstraße.

Der Anfang
vom Ende: Alternativen für Frauen

Wo, wenn nicht im alternativen Karneval sollten Frauen ihr unterdrücktes Schunkelbedürfnis ausleben? Seit es kollektiven Frohsinn gibt, gab es immer auch eine weniger etablierte Form des Feierns, wo Frauen ihren Platz fanden – und das nicht nur im Straßen- und Kneipenkarneval. Ob es die Künstler- und Lumpenbälle im „Dekke Tommes" in der Glockengasse während der 1920er Jahre waren, die legendären Scheunenbälle in den 1930er Jahren oder heute die Stunksitzung, schwul-lesbischer Karneval, Sitzungen wie „Fatal Banal" oder gar protestantische Alternativen wie die „Prot's Sitzung" – alle boten und bieten jecke Nischen für Frauen.

Bis ins 19. Jahrhundert war der Kölner Karneval größtenteils unorganisiert und ein Moment des Widerstandes gegen die Obrigkeit. Jede Zeit im Karneval hatte immer alternative Antworten parat: Sogar das heute ganz und gar nicht alternative Festkomitee gründete sich 1823 als Gegen-Bewegung zum verrohten Volks-Karneval. Wer weiß, vielleicht haben ja eines Tages die „Rosa Funken" das Sagen?

Von Scheunern und Stunkern

Legendär waren die so genannten Scheunenbälle. Die ersten dieser verwegenen Anti-Feten unter Leitung des Vereins „Scheune e.V." wurden 1935 gefeiert. Das war zwei Jahre nach der Machtergreifung in Deutschland durch die Nationalsozialisten und geschah dennoch ohne politische Absicht. Künstler aus ganz Deutschland lebten in Ballsälen mit Scheunencharakter ihre Gegen-Idee von Karneval aus: Wild, unorganisiert – und vor allem einfallsreich verkleidet. Nach dem Krieg lebten die Scheuner unter dem Namen „Ahl Säu" fort. Heute vergnügen sich nur noch Reste der Bewegung – zivilisierter, zugegeben - bei Bällen im Stadtgarten oder mit Trommeln „bewaffnet" beim Zug durch die Kölner Kneipen. Selbst im Traditionskarneval haben sie ihren festen Platz gefunden: Beim Rosenmontagszug marschieren „Ahl Säu" in schrillen Kostümen vorweg, darunter viele Frauen.

Angegriffen haben die Scheuner den offiziellen Karneval nie – ganz im Gegensatz zu den „Stunkern". Zunächst als Freiluft-Spielezirkus gegründet, beschlossen sie 1982, Karneval zu machen.

Angefangen hat alles mit der Besetzung der Fachhochschule im Sommer 1982 in Köln Zollstock. 30 Leute, die meisten Studentinnen und Studenten der FH, demonstrierten gegen Stellenstreichungen und Kürzungen von Sozialleistungen. Höhepunkt der Protestaktionen war eine Nackt-Demo vom Barbarossaplatz bis zum Rudolfplatz. Am Ende stand die Idee, einen Zirkus zu gründen. Ein Jahr später lief die erste Tournee des „Kölner Spielcircus". Währen eines verregneten Nachmittages in einem Bonner Café tauchte jedoch die Frage auf: Was machen wir im Winter, wenn es keinen Zirkus gibt? Die Stunksitzung war geboren. Der Charme des Alternativ-Amateurhaften ist mit den Jahren freilich verblasst. Aus der Studentenrevolte von einst ist ein professionelles Ensemble geworden.

Mit Karneval hatten die meisten der Studis nichts am Hut, die gezwungene Heiterkeit der Offiziellen war den Fachhochschülern ein Graus. „Eigentlich mag ich Karneval gar nicht", sagt die Vorsitzende des „Vereins zur Förderung zeitgenössischer Kultur e.V.", Doris Dietzold, nach

Viel zu schwer: Biggi Wanninger als übergewichtiges Funkemariechen am Seil. Stunksitzung 2001.

fast 20 Jahren Stunksitzung heute noch. „Zu eng, zu laut," meint sie – aber jemand musste ja schließlich den Vorsitz übernehmen. Auch Doro Egelhaaf hatte, bevor sie zur Stunksitzung kam, „nur schreckliche Erfahrungen" mit dem Karneval gemacht, wie sie 1991 berichtet. „Als Alternative war ich dagegen – und dann die ganzen Betrunkenen." Karneval war sie sonst immer aus Köln geflohen, und machte Urlaub in Holland. „Als der Jürgen [Becker] mit der Stunksitzung kam, dachte ich, der hat eine Vollmeise [...] Karneval, mit mir nicht!"

Schließlich aber hatte sich die Karnevalsfraktion durchgesetzt. Aus Prunk wurde Stunk. Am 26. Februar 1984 ging die erste bitterböse Verballhornung des „Spießerkarnevals" über die Bühne. Die linke Szene hatte entdeckt, dass Politik und Spaßhaben keine Gegensätze sind.

Frauen waren von Anfang mit auf der Bühne, auch wenn sie sich erst in ihre neue Rolle einleben mussten. Doro Egelhaaf: „Ich habe mich immer ein bisschen geschämt, wenn ich da oben auf der Bühne war. Raustreten in dieses Licht – und dann wußte ich nur noch, jetzt müssen wir das auch zu Ende bringen. Wir müssen es machen, wir können nicht einfach von der Bühne rennen." Das war 1991.

Das Geilemann-Trio

Eine Frauenquote gab es bei der Stunksitzung nie - aber nicht, weil diese sie nicht nötig gehabt hätte. Theoretisch waren alle kleinen und großen Unterschiede ausdiskutiert, aber „es gab vom Kopf her den Anspruch, das anders zu machen", so Martina Bajohr 1991. Praktisch jedoch machte der Geschlechterkampf auch vor den Alternativen nicht Halt. Wolfgang Nitschke: „Bei uns waren natürlich die Strukturen, die auch sonst bestehen, ebenso wirksam. Wir haben ja nicht unter uns das Patriarchat abgeschafft." So standen auch bei der angeblich so liberalen Stunksitzung mit der Gallionsfigur Jürgen Becker lange die Männer im Vordergrund.

Zwar wurden viele Frauenthemen in den Programmen von den Männern mitgetragen und „weitgehend als wichtig" empfunden, wie etwa der Auftritt von Martina Klinke, Martina Bajohr und Dorothee Koof als das „Geilemann-Trio" 1985 - aber sie kamen deshalb nicht immer gut beim Publikum an. Drei Frauen als Männer verkleidet, die frauenfeindliche Witze erzählen – das fanden einige Frauen in den 80ern überhaupt nicht komisch. Die Kritik am Männerkarneval – sie wurde zum

Bumerang. Martina Bajohr erinnert sich: „Die Frauen fanden das ganz furchtbar, und die Männer, gegen die sich das ja richtete, lachten darüber. Nach dieser Erfahrung haben wir uns echt überlegt, einen Verein zu gründen. Titel: Frauen lernen lachen."

Auch bei Nummern wie der von Martina Bajohr über Gentechnologie („Sie wichsen, wir mixen"), die von Frauen erarbeitet und von einer Frau auf die Bühne gebracht wurde, stießen Stunkerinnen auf Vorbehalte. Doro Egelhaaf: „Was immer wir auf der Bühne gemacht haben, wurde als frauenfeindlich empfunden." Das - wohlgemerkt auch weibliche - Publikum war zu korrekt, um jeck zu sein. Egelhaaf: „Der Anspruch an gleichberechtigten Karneval war dermaßen hoch, das konnten wir überhaupt nicht erfüllen." Frauen waren zu sehr damit beschäftigt, im ganz realen Leben ihre Rechte durchzusetzen - „und da waren auf einmal Frauen auf der Bühne, die schon einen Schritt weiter waren", erklärt sich Doris Dietzold rückblickend die Diskrepanz. „Wir haben eben eine andere Idee von Humor gehabt."

Auf der anderen Seite war es auch innerhalb des Ensembles „viel Kampf, bestimmte Dinge durchzusetzen". Die „obligatorische Frauennummer" wurde von vielen Männern als politisch-korrekter Krampf empfunden. Günter Ottemeier jedenfalls berichtet, dass die Frauenproblematik unbedingt drin sein musste. „Dann wurde dieses Thema irgendwie abgegrast und mehr oder weniger krampfhaft eine Nummer dazu gemacht." Martina Bajohr erlebte es als Anstrengung, sich eine Position zu erarbeiten, in der sie nicht nur in einer Nebenrolle im Hintergrund auftrat. „Der Sprung mich zu trauen, ein Solo zu machen, war für mich ein Kraftakt auch in Bezug auf das Publikum: Eine Frau muss immer noch einen Zacken besser sein." Heute sieht Bartina Bajohr, inzwischen 41 Jahre alt, das Ganze entspannter und eher in einem „historischen Zusammenhang": „Viele Diskussionen müssen auch gar nicht mehr geführt werden." Das sei eine der großen Errungenschaften der Stunksitzung, meint die Kabarettistin, Hausfrau und Mutter. „Es war gut, dafür zu streiten."

Inzwischen sind die Frauen in der Stunksitzung genauso präsent wie Männer. Frauen bestimmen in dem 25-köpfigen Stunksitzungs-Ensemble basisdemokratisch mit und Vereinsvorsitzende ist mit Doris Dietzold noch eine Frau – wenn auch mit Niklas Böhm ein Mann ihr „gleichberechtigt" beiseite steht. Man kann behaupten, die Stunker haben den Idealzustand erreicht. Doris Dietzold sieht die Frauenfrage nicht mehr so verbissen und kann heute sagen: „Ich fühle mich gleichberechtigt." Die obligatorische Frauennummer gibt es nach wie vor, doch die Auseinandersetzung über sie ist eine andere geworden. „Natürlich ist es immer noch ein Kampf, aber ich sehe das eher als gruppenstrukturelles Problem."

Frauen am Rande des Klimakteriums

Es war wie ein Befreiungsschlag. „Frauen am Rande des Klimakteriums" war eine der Erfolgsnummern der Stunksitzung 2001. Fünf Frauen stöhnen und ächzen über die Plagen, die die weiblichen Wechseljahre so mit sich bringen – schonungslos, ohne jede Tabus. Und am Ende verwandeln sie sich in fünf sexy Marilyns. 16 Jahre liegen zwischen dem Eklat um das „Geilemann-Trio" und der „Klimakterium-Nummer". Der Unterschied? Nach der Kritik an den Männern hagelte es Schelte – Frauen, die sich selbst auf die Schippe nehmen, werden umjubelt. Dietzold findet das „schon bezeichnend, oder?". Und als zwei der Damen während der Generalprobe der BH aufgeht, wird das gnadenlos von der Boulevardpresse ausgeschlachtet. Martina Bajohr kann sich darüber nicht mehr aufregen: „Das ist dann das, was unterm Strich übrig bleibt."

Zu sexy für den Karneval? Frauen im Klimakterium.

Karnevalskarrieren: Gaby Köster und Biggi Wanninger

Und dann war da noch die Spaltung der Stunksitzungs-Crew im Jahr 1989. Und das wiederum ist ja beruhigend: Trotz Harmonie-Faktor Frau gibt es bei den Linken Knatsch genau wie im organisierten Karneval, wo sich ja historisch gesehen auch eine Gesellschaft langsam von der anderen abspaltete und Köln so eine Unmenge neuer Karnevalsvereine bescherte. Eine derartige jecke Kernspaltung führte zu einer zweiten Alternativsitzung: der „Prunksitzung", durchgeführt von den „Widderlichen Prunkbüggel von 1989" - die Alternative zur Alternative, „härter, schwärzer und radikaler" als die Stunksitzung.

Wolfgang Nitschke und Heiner Kämmer dürstete nach fünf Jahren Stunk nach Neuem. Mit von der Partie waren unter anderem Rich Schwab, der Kabarettist Wilfried Schmickler und Gaby Köster, „der

die kölsche Traumkarriere von der Kneipenbedienung zur Karnevalspräsidentin in neuer Weltrekordzeit gelungen ist". Eine neue Sitzung war geboren.

Elf Mal ging der Stollwerckkarneval im ersten Jahr mit Köster als Präsidentin über die Bühne. Bis zum Schluss streiten sich die Geister: Ist die alternative Prunksitzung eine kabarettistische Revue mit Karnevalseinlage oder Karneval mit kaba-

Präsidentin in Weltrekordzeit: Gaby Köster

rettistischen Einlagen? Der alternative Prunk kam gut an, wurde aber schließlich dennoch nach zwei Jahren wieder aufgegeben. Es waren zwar neue Leute, die im Rampenlicht standen – die Probleme aber blieben dieselben. Wilfried Schmickler: „Basisdemokratie ist schön, macht aber viel Arbeit."

Irgendwie war es dann doch eine kleine Sensation, als sich 1998 eine Frau im wörtlichen Sinne über alle anderen Stunker hinweg setzte: Biggi Wanninger, die derzeit einzige Sitzungspräsidentin Kölns, enterte die Präsidentenbrücke der Stunksitzung. Drei Jahre war die Nachfolgerin von Stunk-Ikone Jürgen Becker und Rainer Rübhausen schon auf der Bühne aktiv gewesen, drei weitere Jahre als Co-Regisseurin. Zugeben, es wäre noch revolutionärer gewesen, wäre sie Präsidentin einer

Biggi Wanninger als Stunksitzungspräsidentin im E-Werk.

der großen Kölner Traditionsgesellschaften geworden – aber immerhin. „Präsidentschaft ist doch keine Frage von Geschlecht", meint die 45-Jährige. „Ich bin kein Mäuschen – und das vermittele ich auch."

Geboren in Bergheim, machte Wanninger zunächst eine Ausbildung bei der Stadtsparkasse, auf dem Tageskolleg holte sie das Abitur nach. Heute ist die Frau mit den vielen Berufen außer Stunksitzungspräsidentin noch Schauspielerin, WDR-Sprecherin, Kabarettistin und Sängerin. Nach ihrem ersten und einzigen Flop bei einem Auftritt beim 1. FC Köln im Müngersdorfer Stadion nahm ihre Mutter sie tröstend in die Arme. Ihr Kommentar: „Siehste Kind. Wärst Du bei der Sparkasse geblieben, wärst du heute Filialleiterin." Zum Glück hat Biggi Wanninger nicht auf ihre Mutter gehört.

Männerbünde? Nein Danke!

Und wie sieht die Präsidentin die Gleichberechtigung im traditionellen Karneval? Für sie ist das überhaupt nicht attraktiv: „Alles, was so streng organisiert ist, ist nicht meine Art von Karneval." Dass gewisse Leute die Aufnahme von Frauen in die Karnevalsgesellschaften fordern, ist für sie gar nicht so reizvoll. „Ich wollte das gar nicht, auch keine Stelle als Funkemariechen. Das sind Männerbünde, die sollten unter sich bleiben."

Mit dieser Meinung steht Wanninger nicht alleine. So sagte die Schatz-meisterin der KG Lotterbove, Birgit Köcher, in einem Interview, dass Frauen „lieber mitten im Geschehen sind, als darüber zu thronen". Die ehemalige Leiterin des Frauenamtes, Lie Selter, ergänzte: „Ich finde, die Männer sollten unter sich bleiben, denn Frauen sollen im Karneval ihren Spaß haben." Auch die Tänzerin Barbara Wallpott sieht „keine Veranlassung" für eine stärkere Präsenz des weiblichen Geschlechts in Karnevalsführungspositionen: „[...] sollen die Männer doch ihr Süpp-chen alleine kochen."

Alleine? Die Geschichte des Karnevals lehrt uns doch eins, was viele „Traditionalisten" wohl vergessen haben: Frauen haben von Anfang an in Köln Karneval gefeiert. Und überhaupt: Im eigentlichen Sinne gibt es den Kölner Karneval gar nicht. Köln hat viele Facetten: Straßen- und Kneipenkarneval, Sitzungs- und Gesellschaftskarneval, alternativer Kar-neval, Veedelskarneval. In allen Formen haben Frauen nie gefehlt; sie haben nur verschiedene Rollen besetzt: Mal als wilde Weiber, mal als Helferinnen, als Schmuckstück und Tänzerinnen, als Schauspielerin-nen oder Sängerinnen. Oder sie tauchten als Männerphantasie in Legenden, Verzällcher sowie als Wagenmotiv auf.

Knapp hundert Jahre hatte es gedauert, bis Frauen im Rosenmontags-zug offiziell mitziehen durften, obwohl sie seit den 1880er Jahren an gemeinsamen Sitzungen teilnahmen. Allerdings musste erst ein weite-res Jahrzehnt vergehen, bis Frauen auch in den Vorstand der Dachorga-nisation des Kölner Karnevals ihren Einzug fanden. 1999 schließlich wurde die erste weibliche KG gegründet. Mit „Frauenpower" brüstete sich Festkomitee-Chef Hans-Horst Engels bei der Prinzenprokla-mation im Jahr 2000, als er Marion Bittner, den „kölschen Sonnen-schein" Sonja Becker, Belinda, Marita Köllner und die Frontsängerin von Colör auf der Bühne ankündigte.

Oft mussten Frauen sich ihren Platz erkämpfen, manchmal auch vergebens. Trude Herr war zu karnevalskritisch, Caroline Linneberg-Hamachers Neuerungsvorschläge wurden als nicht diskussionswürdig vom Festkomitee ad acta gelegt. Nikuta bekam zwar als einzige Frau die Ostermann-Medaille, aber auch heute noch wird sie von einem Teil der männlichen Kollegen abgelehnt. Doch konnte sie sich größtenteils im organisierten Karneval etablieren. Ähnlich wie dies auch Ilse Prass und den Colombinen gelang – durch Anpassung an die Männer.

Hauptsache jeck!

Manche Frauen stehen den Männern eben in nichts nach. Marita Köllner als „Fussisch Julchen" nimmt es sich heraus, Männern im Publikum über die Glatze zu streicheln und ihnen mit „Na, Liebelein?" die Verlegenheitsröte ins Gesicht zu treiben. „Würde das ein Mann tun, wäre das vermutlich Sexismus", meint Karnevalsphilosoph Wolfgang Oelsner. Grete Fluss streckte den Männern schon in den 50er Jahren ihren Busen entgegen und feixte: „Hier kannste deine Ferien verbringen..." Da haben sich die Zeiten nicht geändert.

Also lassen wir doch die Männer Hauptmann und Gendarm spielen. Sollen sie sich um Rangordnungen streiten, wir feiern lieber Karneval. Es gibt überall solche und solche. Deshalb erinnern wir uns an die Geschichte und lernen daraus: Letztlich ist es doch egal ob Mann oder Frau.

Loss mer fiere, nit lamentiere

Hauptsache, jeck!

Und da wir ja brave Mädchen sind,
wollten wir – wie sich das gehört – den Männern das letzte Wort überlassen.
Wir baten sie um einen lustigen Beitrag für unser Buch.
Sie schickten uns dieses Bild. Danke!

Literatur- und Quellenverzeichnis (in Auswahl)

Beurtel/Hagin 1997   Heike Beutel/Anna Hagin (Hrsg.):
Trude Herr. Ein Leben. Köln 1997.

Brandau 1996   Susanne Brandau: Nur Staffage? Frauen im
Karneval. In: Kölner Illustrierte Heft 2,
1996, S. 20-26.

Bücher 1910   Karl Bücher: Die Frauenfrage im Mittelalter.
2. Auflage, Tübingen 1910.

del Mar 1991   Maria del Mar: Kaos Karneval. In:
Weibs-Bilder Heft 6, 1991, S. 26-28.

Ebeling 1987   Dietrich Ebeling: Bürgertum und Pöbel.
Wirtschaft und Gesellschaft Kölns im 18.
Jahrhundert. Köln, Wien 1987.

Ennen 1873   Leonard Ennen: Der Kölner Karneval.
In: Zeitschrift für deutsche Kulturgeschichte.
Neue Folge 2 (1873), S. 242-248.

Falk 1988   Susanne Falk: Frauen in der Fasnet - Opfer
und Täterinnen? Tageszeitungen als Quelle
für das Frauenbild im Fastnachtsbrauchtum
einer schwäbischen Kleinstadt von 1900 bis
heute. In: Frauenalltag 1988, S. 106-113.

Filter 1990   Cornelia Filter: Die Wiever sind los.
In: EMMA. Heft 3, 1990, S. 36-40 (Kopie des
FrauenMedia Turms).

Fluss 1956   50 Jahre Grete Fluss. Köln 1956.

Frohn 2000   Christina Frohn: Der organisierte Narr.
Karneval in Aachen, Düsseldorf und Köln
von 1823 bis 1914. Marburg 2000.

Fuchs/Schwering 1972   Peter Fuchs/Max-Leo Schwering:
Kölner Karneval. Zur Kulturgeschichte der
Fastnacht. Band 1. Köln 1972.

Fuchs / Schwering / Zöller / Peter Fuchs/Max-Leo Schwering / Klaus
Oelsner 1997   Zöller / Wolfgang Oelsner: Kölner Karneval.
Seine Bräuche, seine Akteure, seine
Geschichte. 175 Jahre Festkomitee des Kölner
Karnevals. Köln 1997.

Heidenheimer 1896   Heinrich Heidenheimer: Ein Mainzer
Humanist über den Karneval (1495).
In: Zeitschrift für Kulturgeschichte. Neue (4.)
Folge der Zeitschrift für deutsche Kultur-
geschichte. Bd. 3 H.1-2 (1896), S. 21-57.

Kaltwasser 1976   Ute Kaltwasser: Das Hänneschen und sein
Publikum. In: Das Hänneschen läßt die
Puppen tanzen. Kölner Geschichtsjournal 1
(1976), S. 87-88.

Klersch 1948   Joseph Klersch: Kölner Fastnachtsspiegel.
Köln 1948.

Klersch 1961   Joseph Klersch: Die Kölnische Fastnacht.
Von ihren Anfängen bis zur Gegenwart.
Köln 1961.

Klersch 1979   Joseph Klersch: Volkstum und Volksleben in
Köln. Herausgegeben von Alexander
Bungartz. Gekürzte Fassung der 1965-1969
erschienenen dreibändigen Ausgabe.
Köln 1979.

Kuhnen 1926   Emil Kuhnen: Hundert Jahre Kölner
Karneval. Die Wiedergeburt 1925! Was bietet
Köln im Karneval 1926? Köln 1926.

Leson 1977   Willy Leson (Hrsg.): Feste und Feiern im alten
Köln. Texte und Bilder von Zeitgenossen.

„Kölsche Junge könne bütze..." Gardisten „überzeugen" eine ahnungslose (?) Passantin von dem wahren Sinn des Karnevals.

Limbach 1999   Peter Limbach: So feiert Köln Karneval, Köln 1999.

Mahlberg 1939   Josef Mahlberg: „Wenn Fastelovend kütt eran..."
                    Fasnacht am Rhein. In: Rheinsche
                    Heimatbriefe 4 (1939), S. 3-7.

Mies   Paul Mies: „Et Schnüssen Tring"-Lied.
                    In: Das kölnische Volks- und Karnevalslied.
                    Denkmäler rheinischer Musik.
                    Düsseldorf 1964.

Moser 1985   Hans Moser: Städtische Fasnacht des
                    Mittelalters. In: Volksbräuche im geschicht-
                    lichen Wandel. Tübingen 1985.

Müller 1930   Josef Müller: Der Donnerstag vor Fastnacht
                    im Rheinischen. In: Zeitschrift für Volks-
                    kunde. Neue Folge 2, 40 (1930), S. 234-241.

Niggemann 1981   Heinz Niggemann: Emanzipation zwischen
                    Sozialismus und Feminismus: die sozial-
                    demokratische Frauenbewegung im Kaiser
                    reich. Wuppertal 1981.

Nottelmann 1994   Annette Nottelmann: Von Beginen und
                    Bayenamazonen. Frauengeschichte im Kölner
                    Severinsviertel. Köln 1994.

Osterbrauck 1991

Willi Osterbrauck: Johann Reichsfreiherr von Werth. Chronik eines umstrittenen Volkshelden. 1591-1652. Historische Betrachtungen mit zahlreichen Illustrationen und Portraits zu seinem 400. Geburtstag. Köln 1991.

Oelsner / Rakoczy 1999

Wolfgang Oelsner / Csaba P. Rakoczy: Goethe und die Narren, Köln 1999.

Prass / Zöller 1993

Ilse Prass/Klaus Zöller: Vom Helden Carneval zum Kölner Dreigestirn. 1823-1992. Köln 1993.

Prass 1994

Ilse Prass: Op do un do mem Fastelovend. Informationen zum Kölner Karneval. Köln 1994.

Prass 1996

Ilse Prass: Kleines Kölner Karnevals Brevier. Was Sie schon immer über den Kölner Karneval wissen wollten. Köln 1996.

Schmidt 1991

Gérard Schmidt: Trude Herr. „Niemals geht man so ganz..." Ihr Leben. Bergisch Gladbach 1991.

Schmidt 1992

Gérard Schmidt: Kölsche Stars. Köln 1992.

Frauen in ausgelassener Runde Mitte der 50er Jahre auf einem der Hausfrauennachmittage.

Schmitt-Rost 1956	Hans Schmitt-Rost (Pseudonym: Fritz Franz Florian): Phänomen Karneval. In: Vierteljahrschrift für die Freunde der Stadt 1 (1956) o.S.
Schmitz 1991	Wolfgang Schmitz (Hrsg.): Zwischen Stunk und Prunk. Ein Klatschmarsch durch die Institution. Köln 1991.
Schwering 1976	Max-Leo Schwering: Das Kölner "Hänneschen" - Geschichte und Deutung. In: Das Hänneschen läßt die Puppen tanzen. Kölner Geschichtsjournal 1 (1976), S. 34-75.
Schwering 1982	Max-Leo Schwering: Das Kölner "Hänneschen"-Theater. Geschichte und Deutung. Köln 1982.
Schwering 1990	Max-Leo Schwering: Fragen an den Kölner Karneval. Köln 2. Februar 1990, o.S..
Simon 1993	Manuel Simon: Heilige - Hexe - Mutter. Der Wandel des Frauenbildes durch die Medizin im 16. Jahrhundert. Berlin 1993.
Spamer 1936	Adolf Spamer: Deutsche Fastnachtsbräuche. Jena 1936.
Talkenberg-Bodenstein 1977	Renate Talkenberg-Bodenstein: Die Funktion der Fastnacht im sozialen Wandel. In: Herbert Schwedt (Hrsg.): Analyse eines Stadtfestes. Die Mainzer Fastnacht. Wiesbaden 1977, S. 11-38.
Tümmers 1984	Horst-Johannes Tümmers (Hrsg.): Die schönsten Sagen und Legenden aus Köln. Essen 1984.
Ulbrich 1990	Claudia Ulbrich: Unartige Weiber. Präsenz und Renitenz von Frauen im frühneuzeitlichen Deutschland. In: Richard van Dülmen (Hrsg.): Arbeit, Frömmigkeit und Eigensinn. Studien zur historischen Kulturforschung 2. Frankfurt am Main 1990, S. 13-42.

*„Weiberalarm"
in der „Lachenden
Kölnarena".*

Volberg/Wirtz
Stefan Volberg/Hansherbert Wirtz:
Hinger d'r Britz. Das Kölner Hänneschen-Theater.
Köln o.J. (um 1990).

Wagner 1989
Gabriela Wagner: Cöln. Die sozialen
Verhältnisse um 1900. Köln 1989.

Wagner 1990
Gabriela Wagner: Frauen in Köln. 2000 Jahre
Stadtgeschichte. Kölnisches Stadtmuseum 1990.

Wensky 1980
Margret Wensky: Die Stellung der Frau in der
Stadtkölnischen Wirtschaft im Spätmittelalter.
(Dissertation). Köln 1980.

Wijers 1993
Carla Wijers: Das Narrenreich von Prinzes-
sinnen und „alten Weibern". In: Rheinisch-
Westfälische Zeitschrift für Volkskunde 38
(1993), S. 61-86.

Zepter 1995/96
Michael Zepter: Das karnevalistische Ding an
sich. Kölner Künstlerfeste zwischen den Weltkriegen. In: Rheinisches Jahrbuch für Volkskunde 31 (1995/96), S. 81-140.

Chroniken, Reiseberichte

Chronik Köln   Chronik Köln. Herausgegeben von Carl Dietmar
3. Auflage, Köln 1997.

Leson 1976   Willy Leson (Hrsg.): Ernst Weyden. Köln am Rhein
um 1810. Köln 1976.

Weinsberg 1886   Das Buch Weinsberg. Kölner Denkwürdigkeiten
aus dem 16. Jahrhundert. Herausgegeben von
Konstantin Höhlbaum/Friedrich Lau/Joseph Stein.
5 Bände. Bonn, Leipzig 1886-1926.

Weinsberg 1980   Das Buch Weinsberg. Aus dem Leben eines Kölner
Ratsherrn. Herausgegeben von Jakob Hässlin.
3. erweiterte Auflage, München 1980.

Zimmern 1881   Zimmerische Chronik. Herausgegeben von Karl
August Barack. 4 Bände. 2. verbesserte Auflage,
Freiburg, Tübingen 1881.

Liederhefte

                               Liederheft 1991 der Prinzen-Garde Köln 1906 e.V.

                               Schnüsse Tring. Broschüre der Alten Kölner
Karnevals-Gesellschaft „Schnüsse Tring" 1901 e.V.,
Köln o.J.

„Kumm loss m'r danze de janze Naach bes morje fröh..." Karneval tanzen Männer auch freiwillig.

Bildnachweis

S. 46	Ernst Bluhm
S. 18	Michael Euler-Schmidt
S. 63	Kölner Bezirksverein der dt. Ingenieure, Festschrift zum 50jährigen Bestehen, Köln 1911
S. 56	Max Grönert
S. 74	Aggie Herr
S. 26, 49, 82, 85, 87, 100, 104	Anja Katzmarzik
S. 43, 54, 66	Alfred Koch
S. 13, 17, 25, 28, 59, 60	Kölnisches Stadtmuseum
S. 91 113 (?)	Privat
S. 40, 120, 121	Malcolm Powell
56, 89, 113, 114	Privatbesitz
S. 32	neues rheinland
S. 45, 65 kl.	Norbert Ramme
Titelbild, S. 7, 45, kl. 98, 107, 108-109, 116, 117, 124,	Csaba Peter Rakoczy
S. 9, 97,	Rheinisches Bildarchiv
S. 69, 73	Sammlung Louis
S. 30	Stadtarchiv Düsseldorf
S. 65, 91(?), 110	Frank Tewes
S. 103	WDR-Bildarchiv

Nicht in allen Fällen war es möglich, die Bildurheberschaft eindeutig zu klären.
Sollten Ansprüche erhoben werden, bitten wir um Benachrichtigung.

119

Die Autorinnen

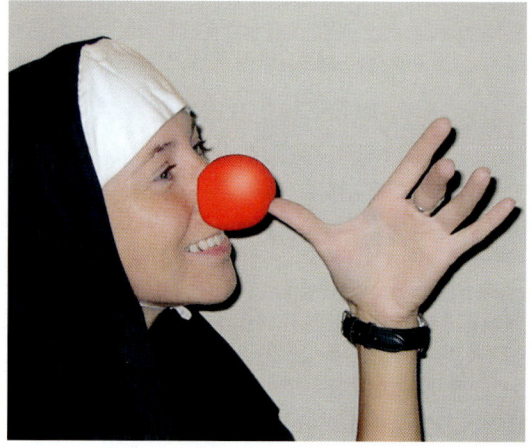

Wenn das nicht jeck ist: Silke Palm
wurde am 11.11.1971 in Köln
geboren, studierte Volkskunde,
Neuere Geschichte, Ibero-
romanische Philologie und
Schwedisch an der Rheinischen
Friedrich-Wilhelms-Universität
in Bonn. Mit dem dank Willi
Ostermann in Köln so bekannten
Namen Palm und dem Geburts-
datum 11.11. (halb elf) blieb ihr
schließlich gar keine andere Wahl,
als den Kölner Karneval zum The-
ma ihrer Examensarbeit zu
machen. Heute arbeitet sie im
Marketing und in ihrer Freizeit als
Museumspädagogin für das
„Deutsche Sport- und
Olympiamuseum".
Silke Palm lebt in Köln-Ossendorf.

Anja Katzmarzik wurde am
27.5.1974 in Köln geboren. Kurz
nachdem sie ihren Führerschein
bestanden hatte, verpasste sie auf
der Autobahn eine Ausfahrt,
landete aus Versehen in Düsseldorf
und studierte dort an der Heinrich-
Heine-Universität Soziologie,
Politik und Medienwissenschaften.
Dank ihrer Abschlussarbeit
„Soziologie des Klüngelns" lernten
auch noch die Düsseldörfler etwas
dazu. Seit ihrer Schulzeit freie
Mitarbeiterin beim „Kölner Stadt-
Anzeiger", volontierte sie beim
„Kölner Morgen" und kehrte als
Redakteurin zum „Kölner Stadt-
Anzeiger" zurück. Anja Katzmarzik
lebt in Köln-Weidenpesch.

123

„Am Aschermittwoch ist alles vorbei" - und dieses Buch nun auch. Alaaf und Tschüss!